语言智能开发训练

尹凤霞 著

安徽师范大学出版社

责任编辑:潘　安
装帧设计:子　言

图书在版编目(CIP)数据

语言智能开发训练 / 尹凤霞著. —芜湖:安徽师范大学出版社,2017.1
ISBN 978-7-5676-2749-9

Ⅰ. ①语…　Ⅱ. ①尹…　Ⅲ. ①语言能力-能力培养　Ⅳ. ①H0

中国版本图书馆 CIP 数据核字(2017)第 034346 号

YUYAN ZHINENG KAIFA XUNLIAN
语言智能开发训练
尹凤霞　著

出版发行:安徽师范大学出版社
芜湖市九华南路 189 号安徽师范大学花津校区　　邮政编码:241002
网　址:http://www.ahnupress.com/
发 行 部:0553-3883578　5910327　5910310(传真)　E-mail:asdcbsfxb@126.com
印　刷:广州市本色印务有限公司
版　次:2017 年 1 月第 1 版
印　次:2017 年 1 月第 1 次印刷
规　格:787 mm×1 092 mm　1/16
印　张:7.5
字　数:168 千
书　号:ISBN 978-7-5676-2749-9
定　价:32.00 元

PREFACE

前　　言

无论是大人还是孩子，无论是外向性格的人还是内向性格的人，都需要准确表达自己的途径和方式，需要掌握沟通与表达的技巧，需要进行语言智能的开发。

会使用语言交流和表达，是人类区别于其他动物的重要特征之一。狼孩的事实证明，人类有使用语言的潜能，但如果这个人失去了开发语言潜能的条件，该潜能就被埋藏，并伴随生命消逝而消亡。

正因为人类具有语言潜能，所以人类语言智能是可以开发的。一名婴儿刚出生时就失去语言智能开发的机会，该婴儿就可能不会再用语言跟其他人进行正常的沟通与交流了。语言智能开发让孩子们学会了使用语言，并伴随个人成长，语言智能循序渐进地发展起来：

1. 婴儿发音的阶段性，即婴儿的语言潜能开发，经历了简单发音阶段、连续发音阶段和学话萌芽阶段。

2. 婴儿掌握词汇，是从熟悉的事物的名称开始，再逐步扩大词义，或缩小词义，从单词到多词句，延伸到简单句和复合句。

3. 幼儿期语言智能从“是什么”向“为什么”发展，是个体运用语言智能去探索世界的思维发展。

4. 儿童期语言智能从“口头语言”向“书面语言”的发展，是语言智能进一步走向成熟的标志，简单的造句、描述到复杂的作文、论文等，都是潜能开发不断强化和发展的结果。

5. 儿童期开始，语言智能向多元化智能方向发展，语言工具与非语言工具如肢体语言、表演技巧、艺术潜能等多元结合，构建人的语言智能的多元融合。

6. 到了职业教育阶段，个体需要提升个人的职业沟通能力、信息处理能力和解决问题能力等，这些能力与语言智能的发展密切相关。

因此，本书基于语言智能开发的理念，大量运用心理学训练技巧，对语言训练内容进行合理的分解和整合，共分为十个单元：单元一“积极语言的魅力”，介绍积极语言运用技巧；单元二“优美的体态语言”，介绍体态语言的具体训练方法；单元三“礼貌用语的力量”，介绍社交口才培养技巧；单元四“面试表达与沟通”，训练面试需要的应变能力及表达能力；单元五“巧妙的销售语言”，介绍商品销售的具体方法；单元六“睿智精妙的谈判语言”，介绍商务谈判的方法及训练技巧；单元七“演讲的构思与表达”，介绍演讲与即兴演讲技巧；单元八“职场沟通与表达”，介绍应对职场沟通常见问题的方法；单元九“主持语言运用”，介绍主持语言要求和运用方法；单元十“语言智能运用技巧”，全面介绍语言智能训练方法。

各个单元以“人物故事”“课堂训练”穿插其间，方便学员掌握知识并加以训练，使每个单元内容丰富，训练有趣，促使每个学员的语言智能得到不同程度的提升。

尹凤霞

2016年11月10日于广州

CONTENTS

目　　录

单元一

积极语言的魅力

积极心理学倡导积极乐观的心态，尤其倡导我们要广泛运用积极语言，创造和谐的人际交往氛围。积极语言可以传递生活正能量。一个温情的笑脸，一句感恩的话语，一个温暖的拥抱，一阵鼓励的掌声，一次由衷的赞美，都是积极的语言。正是因为这些语言的正确、广泛运用，我们的生活才会如此多姿多彩。

第一节　神奇的感恩语言

感恩让生活更精彩

感恩是对别人所给的帮助表示感激，是一种处世哲学，也是生活中的大智慧。某种意义上说，感恩是一种能力。有能力的人以泉水报答别人的滴水之恩，缺乏能力的人不断接受别人帮助却不懂得报恩。感恩使人坚强、快乐，感恩使人幸福、满足。

有人说，一个人最大的不幸，不是得不到别人的“恩”，而是得到了，漠然视之。一个不懂得感恩的人，只会把别人的给予当作理所当然，只会一味索取却不知回报，他的生活会因体验不到相互给予的快乐和为他人创造的快乐而枯燥乏味。相反，一个懂得感恩和回报的人，会生活得轻松而满足，因为他能够从为他人创造的快乐中享受给予的乐趣。所以，我们说，感恩是一种人生态度，一种生存智慧，是一个人维护自己内心的安宁感和提高幸福感必不可少的能力。感恩，是一种内心情感，更是一种外在行为，是以“寸草心”报“三春晖”的赤子行为。

感恩是一种内心情感的积极表达。感恩有时只需一句问候、一束鲜花、一次拥抱，甚至一个笑容。只有学会感恩，才能尊重每一份平凡的劳动，才能尊重每一个平凡的个体，才可能积极地发现生活如此美丽，如此丰富多彩！

让感恩伴随一生

无尽的抱怨让人度过抱怨的一生，常怀感恩之心成就感恩的一生！

我们感恩时代。时代给予我们丰富的物质生活和精神享受。由于感恩，我们更懂得珍惜现在的拥有，增强奉献意识和社会责任感，懂得自觉地回报社会，成为对社会有用的人。

我们感恩国家。国家给予我们尊严和归属感，并赋予我们时代使命。无论我们在哪里，都应该坚定地告诉自己："我爱你，中国！"

我们感恩团队和伙伴。我们感恩集体中的每一个人给予我们的关心、帮助和支持，我们珍惜集体中每一份荣誉和成功。

我们感恩父母。父母赐予我们生命，赐予我们无私的爱和养育之恩，对父母长辈多一份体贴、多一份关怀、多一句问候，尽孝心、重人伦、报亲情。

我们感恩老师。感恩老师的启迪和对我们成长的帮助，老师辛勤的付出和谆谆教诲，为我们指明了前进的方向。

感恩朋友，前进的路上有朋友相伴，从此不再孤单。

我们感谢自己的对手。对手的挑战和进步，给予我们竞争的压力和行动的动力，促使我们不断前进！

我们感恩生活。生活给予我们成长的机会，给予我们磨砺，给予我们友情和亲情，给予我们快乐和幸福！

如果我们心存感恩，就能够心平气和地接纳很多人和事。受到老师的批评时，我们会虚心接受，因为我们感谢老师给予我们帮助；同学之间产生矛盾，哪怕再委屈，也不再大打出手，因为懂得感恩，珍惜同学情谊；遭遇挫折，我们也不再抱怨，因为这将是难得的人生历练，将是人生宝贵的财富。

人物故事

A和B是最要好的朋友，两人一起到大沙漠旅行。不知道因为什么原因，他们吵了一架，A打了B一巴掌。B很伤心，于是他就在沙子上写道："今天我朋友打了我一巴掌。"写完后，他们继续前行。当他们来到一片沼泽地里的时候，B不小心踩进沼泽里，A拼命把他拉出来。B很高兴，他在石头上刻下一行字："今天我朋友救了我一命。"A很不理解，问道："我打了你一巴掌，你把它写在沙里，我拉了你一把，你却把它刻在石头上，这是为什么啊？"B笑了笑，回答道："当别人对我有误会或者有什么对我不利的事情时，我把它记在最容易遗忘、最容易消失的地方，由风负责把它抹掉；而当朋友对我有恩或者对我很好的时候，我就把它记在最不容易消失的地方，尽管风吹雨打也忘不了。"

心存感恩，永远记得别人的好，人生才能更精彩。

课堂训练 书写和分享感恩语言。

我们坐在开往某个城市的飞机上。二十分钟后，乘务人员告诉我们："旅客们请注意，飞机出现故障。请大家穿好救生衣，系好安全带，坐在座位上等候我们的通知。"你思绪万千，希望能够有机会向你的亲人表达感恩之情。

1. 请你写下一段话，表达你此时此刻的情感。

____

____

____

2. 请大家分享自己的感受。

培养健康阳光的感恩心态

德国哲学家尼采说过："感恩即是灵魂上的健康。"懂得感恩的人拥有健康阳光的心理。感恩心态跟一个人的性格紧密相连，比如真诚、理解、善良、乐意助人等，跟大家和睦共处，不斤斤计较，这些都是感恩的具体表现。感恩其实并不复杂，只要你有一颗感恩的心，感恩就无处不在。如何表达我们的感恩之情呢？

1. 得到帮助应该懂得回报。我们在困难的时候得到别人的帮助，马上就应该产生对对方的感激之情："你们能够这样帮助我，令我感动。需要我的时候，我将义不容辞。"

2. 从身边学起，从小事做起。我们暂时做不了大事情，可以从小事入手。如积极参与家务劳动，主动承担责任："这件事情我能做，让我来吧。"其实劳动可以直接体现我们的感恩之心。给父母制作礼物，陪伴父母说说话，或者帮父母搭把手等。别人有事，无论如何应该主动表示关心："别客气，我很愿意帮你做点事情。"

3. 关心弱势群体，养成悲悯之心。悲悯情怀是感恩的基础，也是促进社会和谐发展的基础。同情弱者，帮助弱势群体，可以养成一个人的悲悯之心；被人需要，帮助别人，可以有效地提高个人的自信心。可以参加一些爱心公益活动，以此表达自己的生活态度。

4. 学会爱别人。从小懂得爱父母、爱老师、爱同学、爱学校、爱家乡、爱祖国、爱大自然、爱人类等，在爱与被爱中渐渐形成积极、健康、向上的性格。学会积极主动地表达这种爱："爸爸妈妈，我爱你们！""老师，您辛苦啦！""亲爱的朋友，谢谢你的支持！"

我们会因为有爱，感受到快乐。

正确对待别人的帮助

一个人无论多富有，也无论多贫穷，都没有任何义务或理由要求"富者必须捐赠，贫者必受捐赠"。捐赠只能是一种出于个人道德慈善的自由选择行为，并不是法律上必须履行的责任。一个人无论多么有能力或者无能，都没有任何理由要求"能者多劳，无能者少劳或不劳"。我们不养懒惰的人，也不欢迎懒惰的人。

很多热心捐助者，其实并不要求得到什么回报。他们资助贫困学生上学，主要目的是为社会挽救人才，促进社会和谐发展。他们希望自己的付出，能够换来别人学有所成。对于受助者来说，经济贫穷并不可怕，可怕的是心灵上的贫穷，缺乏起码的感恩之心。这不是物质上的贫穷，而是一个人“品德贫穷”的表现。这会很大程度上伤害资助者的感情。要知道，一个懂得尊重他人的人才会受到别人的尊重，一个懂得感恩的人才会获得人间真情！

我们接受别人的帮助，心怀感恩之心，常怀感恩之心，就是对帮助者最大的安慰，是对社会负责任的表现。

在自己遭遇困难的时候，要勇敢地接受别人的帮助，并心存感激。在别人遭遇困难之时，伸出援助之手。这样的良性循环，会让社会变得和谐，让我们生活变得美好。

人物故事

小燕，20 岁，大学生。在小燕 8 岁的时候，父亲在外打工，因操作失误，从高处跌落，造成高位截瘫，生活不能自理。小燕的妈妈在丈夫瘫痪七个月后就离家出走了。小燕，这个外向开朗的 8 岁小女孩，承担起照顾瘫痪父亲的责任。她一边学习，一边照顾父亲。洗衣做饭，给父亲翻身喂饭，样样会做。干完家务，赶紧把作业做好，温习学过的知识，预习第二天的功课。多年来，她没有因为照顾父亲而耽误一节课，没有因为做家务而落下一次作业。她学习刻苦，成绩优异，终于考取理想的大学。小燕的父亲是个很诚实、讲信用的人。由于治病，他不得不向亲戚朋友借钱。他让小燕记下每一笔账，希望有一天能够还清。有些好心人捐助给小燕家一些钱，爸爸也让小燕记下来，以后有机会慢慢还清。

小燕靠助学金上大学。为了继续照顾爸爸，她把爸爸接到学校附近一间简陋出租屋里。她没有星期天，没有休息日，利用节假日到外做兼职，以补贴家用。后来，小燕的同学都跑来帮忙。虽然不能从根本上解决小燕的困难，但小燕很满足。她在自己的日记里记下同学们、老师们的好：“我的身边总有那么多的好心人，我多希望自己快点强大起来，报

答他们的恩情呀!”

现在,小燕已经是个大二学生了。她经常拿出账本,跟爸爸一起商量还款计划。

课堂训练　感恩语言运用技巧。

1. 感恩故事分享:请大家说说自己的感恩故事。
2. 分组收集感恩名言名句,并进行小组分享。

____

____

____

3. 准备笔和纸,制作“感恩语言笔记”。
4. 各组派代表解读各组的作品。
5. 全班学唱歌曲《感恩的心》并进行课堂表演。

第二节　用语言欣赏、赞美与激励他人

珍惜身边的每个人

美国社会学家戴尔·卡耐基在《如何赢得朋友和影响他人》一书中,提出了善结良缘的六条途径:真诚地对别人感兴趣;微笑,多提别人的名字;做一个耐心的听众;鼓励别人谈他自己;谈一些符合别人兴趣的话题;以真诚的方式让别人感到他很重要。他把这些技巧传授给了无数的人,使他们取得了成功的人生。

天上不会掉下馅饼来。在缘分的天空下,我们要主动出击。惜缘,还要努力去争取,才会有真正的缘分。如果你缺少朋友,那你就该检讨一下:是不是自己没有珍惜身边的人?如果你在团队里不受欢迎,检查一下你有没有跟别人真心交流?

人,作为社会关系的总和,是需要互动的。只有我们主动交往,别人才会对我们感兴趣。主动出击是最基本的人际交往的技巧。

在缘分的天空下,我们要做一个有心人,留心别人,把别人放在心上。只有站在别人的立场上设身处地为别人着想,用别人的心去聆听世界,我们才知道别人需要什么,才能通过满足别人的需求来得到别人的信任和支持,我们的心最终才会走到一起来。有的同学跟宿舍里的舍友无法相处,期望到其他社团里寻求认同。有的人以为自己在某个社团里不被重视,匆匆忙忙选择其他社团。其实,真正自信、友好的人往往非常关注身边的人。你好好想一想:世界这么大,为什么你们偏偏做了舍友?为什么你们会同时思考同一个问题?为什么你们都那么执着地探寻解决问题的办法?一切皆因缘分!珍惜身边的人,珍惜你的团队,珍惜每一次相处、做事的机会,享受每一次共同进步的快乐。

这种珍惜最终需要用语言表达出来，我们不要假心假意的语言，我们需要真心真意地沟通与表达。

真心地欣赏他人

其实，欣赏他人往往体现我们善良的本性。社会生活中，欣赏与被欣赏是一种互动的力量之源。欣赏者有愉悦之心，仁爱之怀，成人之美之善念，被欣赏者产生自尊之心，奋进之力，向上之志。因此，欣赏别人并且能够准确地表达应该是一种美德，也是一种能力。作家林清玄当年做记者时，曾经报道了一个小偷作案手法非常细腻，犯案上千起，第一次被捉到。他在文章的最后情不自禁地感叹：像心思如此细密、手法那么灵巧、风格这样独特的小偷，又是那么斯文有气质，如果不做小偷，做任何一行都会有成就的吧！没想到，他20年前无心写下的这句话，却影响了一个青年的一生：如今，当年的小偷已经是台湾几家羊肉炉店的大老板了！在一次邂逅中，这位老板诚挚地对林清玄说："林先生写的那篇特稿，彻底打破了我生活的盲点，使我想到为什么除了做小偷，我没有想过做其他的正当事呢。从此，我脱胎换骨，重新做人。"

回头想想，如果没有林清玄当年对小偷的"欣赏"和企盼，恐怕就不会有这人后来的事业和成就。不难看出，欣赏与得到欣赏，对人生是多么重要啊！

人物故事

1852年秋天，屠格涅夫在打猎时无意间捡到一本皱巴巴的《现代人》杂志。他随手翻了几页，竟被一篇题名为《童年》的小说吸引。作者是一个初出茅庐的无名小辈，但屠格涅夫十分欣赏，钟爱有加。他四处打听作者的住处，最后得知作者是由姑母一手抚养长大的。屠格涅夫找到了作者的姑母，表达他对作者的欣赏与肯定。姑母很快就写信告诉自己的侄儿："你的第一篇小说在瓦列里扬引起了很大的轰动，《猎人笔记》的作家屠格涅夫逢人便称赞你。他说：'这位青年人如果能继续写下去，他的前途一定不可限量！'"

作者收到姑母的信后惊喜若狂，他本是因为生活的苦闷而信笔涂鸦打发自己心中的寂寥，没想到得到大名鼎鼎的屠格涅夫的欣赏，竟一下子点燃了心中的火焰，找回了自信和人生的价值，于是一发而不可收地开始创作，最终成为具有世界声誉和世界意义的艺术家和思想家。他就是列夫·托尔斯泰，代表作有长篇小说《战争与和平》《安娜·卡列尼娜》《复活》以及自传体小说三部曲《童年》《少年》《青年》。

课堂训练 "优点轰炸"。

1. 请单排位置上的同学讲述你同桌身上的优点，双排位置上的同学帮着数一数他讲了几条优点。一分钟后，两人交换。要求：(1)在同桌讲述优点时，请仔细听，不插嘴；(2)

在同桌讲述优点时，请认真数一数，做好记录。

2. 全班交流：数一数，你讲了同桌几条优点。

3. 请各小组成员轮流针对某位成员，说一说这位成员的优点，越多越好。要求：(1)小组成员发言要有秩序，不发言的成员要认真听别人的发言；(2)在别人讲述你的优点时，只听，不必表示感谢，也不可因为别人叙述不够准确而做出不应有的行为；(3)进行记录并汇总，数一数同伴们为你找到了多少优点，请你珍藏这些记录，让这些记录成为你人生的财富。

4. 请全体成员交流：你的同伴为你找到了几条优点？哪些优点是你没有发现的？

不要吝啬你的赞美词

欣赏别人应该及时表达出来，也就是用赞美的语言表达出你对别人的欣赏和肯定。人际交往中真诚是非常可贵的品质，真诚最核心的品质就是“真心希望别人好，坦诚面对别人”，因此，赞美最需要的是几句贴心的话语。

“太棒了！”

“这太好了！”

“您对我们太好了！”

“您看起来非常精神呀！”

赞美别人需要真心实意，表达内心深处的认可和钦佩，避免虚情假意、胡乱吹捧、阿谀奉承，这样反而引起别人反感，弄巧成拙。赞美别人应该具体一些，避免笼统，体现细微的观察，如：“我觉得您写的字很漂亮。”“你很友善，跟你谈话挺开心！”

假如我们想赞美一位异性朋友的时候，更需要讲究方式方法。

一个体贴、善解人意的女生总会维护男生的尊严，呵护男生的面子，只有招人讨厌的女生才会做撕破男生面子的事情。男生一般喜欢被赞美自己的能力以及自己最擅长的等，如：“你看问题的角度非常独特！”“你分析问题的能力很强！”“我觉得你交际能力很强呀！”

女为悦己者容。赞美女性最简单的方法是多留意她的外貌特征，并多称赞她的外貌

或者气质等。

当然，如果能够在背后赞扬别人，效果也非常好。“我跟他接触以后发现，他其实蛮上进的。”“她人长得漂亮，心地又非常好，待人接物很有分寸。”这些语言传递的都是正能量，可以激励别人，也可以有效改善你的人际关系，有效地帮助你获得别人的认可。

课堂训练 感悟赞美的力量。

请你回想一下，自己在成长过程中得到过的某人的赞美。这次赞美对你有何帮助？

____

____

____

激励他人等于激励自己

欣赏，是一种理解和沟通，也包含了信任和肯定，更是一种激励和引导。基于欣赏的激励可以使人扬长避短，更健康地成长和进步。其实，社会上的每一个人都渴望别人的欣赏和激励，同样，每一个人也应该学会去欣赏、激励他人。最根本的是，激励他人等于激励自己！

人物故事

激励大师威廉·丹福斯写了一本书《我敢，所以我青春》，今天这本书正在激励着成千上万的人。

威廉·丹福斯是美国最大的公司之一——若斯通·陪里拉公司的老板。但大家并不知道，他小时候身体并不太好。然而，他在小学遇到了一位优秀的老师，得到这位老师的激励，就此改变了他的一生。

这位老师如何做到的呢？方法很简单，却很神奇。老师用挑战的方式鼓励他：“我激励你！”“我激励你成为学校中最健康的孩子！”

从此，“我激励你”成了威廉·丹福斯一生自我激励的语句。他果真成为学校中最健康的孩子，他健康地生活了85年。

课堂训练 激励技巧训练。

1. 请你大声朗读下面的话，从此学习激励他人，更学会激励自己！

走在路上，挫折是难免的，低潮是必然的，孤独与寂寞是如影随形的，总有被人误解的时候，总有寄人篱下的时候，总有遭人诽谤与暗算的时候。请你相信，只要你能够耐心等待，受得了折磨，守得住底线，一切都会证明：生活不会抛弃你，命运不会舍弃你。

好好去爱，去生活。青春如此短暂，不要叹老。偶尔可以停下来休息，但是别蹲下来张望。走了一条路的时候，记得别回头看。时不时问问自己：我在干吗？记住，每天的太阳都是新的，不要辜负了美好的时光。

没有过不去的事情，只有过不去的心情。确实是这样，很多事情我们之所以过不去是因为我们心里放不下，比如被欺骗了报复放不下，被讽刺了怨恨放不下，被批评了面子放不下。大部分人都只在乎事情本身并沉迷于事情带来的不愉快的心情。其实只要把心情变一下，世界就完全不同了。

生命的辉煌，拒绝的不是平凡，而是平庸！所以，春风得意时多些沉思，只要别背叛美丽的初衷；窘迫失意时多些憧憬，只要别虚构不醒的苦梦。

2. 下面这些话，对他人的激励也很有用，请你大声对同伴说一说。

☆ 不要怕出错，因为我们不是圣人。

☆ 不要等着别人发现你，你应该先把自己推出去！

☆ 要想出头，必须先学会出丑。

☆ 只要你把头抬高点，别人就不会看低你。

☆ 昨天下了雨，今天刮了风，明天太阳就会出来了。

☆ 压力最大的时候，效率可能最高。

☆ 最忙的时候，学的东西可能最多。

☆ 寒冷到了极致的时候，太阳就要光临。

☆ 没关系，你自己才是你最大的敌人，你一定能够战胜自己。

☆ 孤独者往往最有力量，坚持做最好的自己吧。

☆ 走自己的路，让别人说去吧。

☆ 你就是你，有的人把你看得很高，也有人把你看得很低。

课堂训练　“我相信你！”

1. 两人一组，分为A、B。A跟B说出自己的梦想，B马上回应A：“我相信你！”

2. 每位成员跟其他伙伴说出自己的梦想，其他伙伴马上回应：“我们相信你！”

3. 每位成员到讲台上说出自己的梦想，其他伙伴马上回应：“我们相信你！”

4. 每组一张海报纸，请大家共同制作一份激励他人的海报。每组派代表讲解海报的内容：

____

____

别人最喜欢哪些激励语言：

____

____

在什么时候激励别人：

____

在什么场合激励别人：

好书推介

会说话，才会做人；会做人，才能成功。《卡耐基口才训练全集》并非罗列一大堆说话的技巧，也不教你如何出声发音，而是用具体的方法训练你如何演讲，如何逐渐走向成功。它以你现有的基础为起点，逐渐使你成为自己想成为的人。

单元二

优美的体态语言

在人际交往中，你的穿着打扮、言谈举止、个性品质等内在或者外在形象会展现在别人的面前，并给对方留下深刻的印象。可以说，一个人的形象好坏直接关系到自己人际交往的成败。形象所传递出来的语言亦称“人体示意语言”“身体言语表现”“态势语”“动作语言”等，是人们交际中一种传情达意的方式。在日常人际交往中，体态语言是有一定规律可循的。了解这一点，不但有助于我们理解交流对象的意图，而且能够使自己的表达方式多样化。

体态语言包括情态语言、动作语言和空间语言。情态语言是指人脸上各个部位动作构成的表情语言，如目光语言和微笑语言等。在人际交往中，目光语言、微笑语言都能够传递很多很细微的信息。每个人的复杂心理活动无不从面部的眉毛、眼睛、嘴巴、鼻子、舌头等表现出来。这些无声的语言可以向对方传递我们丰富的内心活动，是情态语言表达中的最富于表现力也是最重要的部分，是人的思想感情最灵敏、最复杂、最准确、最微妙的“晴雨表”。

动作语言是指我们身体的部位做出表达具有某种含义的动作符号，包括我们的手、肩、臂、腰、腹、背、腿、足等身体部位做出的动作。在人际交往中，我们最常用的动作语言就是手势语和姿态语。手势语是通过手和手指活动来传递信息的，能直观地表现我们的内心活动，包括握手、招手、摇手、挥手等。日常生活中，我们大量使用手势语表达对别人的友好、祝贺、欢迎、惜别、否定或者为难等含义。姿态语是指我们通过坐、立、走等姿势的变换来表达某种含义，比如表达自信、乐观、豁达、庄重、矜持、积极向上、感兴趣、尊敬等或者与其相反的含义。动作语言极大地丰富了我们的表现力，使我们的生活多姿多彩。

空间语言是一种空间范围圈，是人际场合中人与人身体之间保持的空间距离，这些空间距离是完全无声的，但它对人际交往具有潜在的影响，有时甚至决定着人际交往的成败。人们都是用空间语言来表明对他人的态度和与他人的关系的。多数人都能接受的四个空间即亲密空间、个人空间、社交空间、公共空间。不同的空间需要不同的表现。合适在亲密空间和个人空间中说的话，在社交空间和公共空间里未必合适。就算是在社交空间里使用的语言,也不一定能够用在公共空间当中。因此,体态语言的多样化要求我们在具体的训练中仔细分辨,认真感受,准确表现。

第一节　丰富你的表情

用眼神传达有效信息

面部表情语言以眼睛最为重要,眼睛是心灵的窗口。劳夫・瓦多・爱默生曾这样说过:“人的眼睛和舌头所说的话一样多。”我们不需要任何字典就能够从别人的眼睛里获取很多信息。一个人目光炯炯,就能给人以健康、精力充沛的印象;一个人目光迟钝,则让人感觉到其身体虚弱;一个善良的人,目光明澈,真诚柔和;心虚、不自信的人,目光往往闪烁不定,局促不安;自信心强的人,其目光如炬,给人以威严正义的印象。在现实生活中,人的眼睛会说话,人的眼睛招人爱,这种现象我们常常可以见到。那么,应该怎样训练眼睛呢?

一是训练眼睛自身的变化,包括瞳孔的变化、眼球的活动、眼睑肌肉的运动、泪腺的分泌等。人在极端兴奋的时候,瞳孔就会放大,反之则缩小;人在着急思考对策的时候,眼球动得很快,反之则慢一些;人在遇到感兴趣的人与事,眼睛就会睁大,眼睑肌肉拉大,但如果不愿意理睬某人某事,就耷拉下眼睑肌肉;很多人在过于激动的时候,眼泪像断线的珍珠一样滑落,泪腺分泌旺盛。这些变化都受到大脑神经系统的支配,我们可以照着镜子,每天进行一两次目光语训练,相信很快就能控制好自己的眼睛和眼神。

目光语的运用,也与交际者眼睛注视的部位有关系,与停留的时间长短有关系,与注视的方式有关系,与控制对方的眼神有关系。这几方面处理得好,交际效果就会好,否则,对人际交往不利。在具体的训练中,我们需要注意以下几个方面:

1. 注意目光的投向。目光注视的部位不同,表明双方的关系不同,注入的信息不一样。比如亲密的注视,是注视对方两眼与胸部之间的三角形区域,而社交意义上的注视,则把目光停留在对方的双眼与腹部之间的三角区。但这里需要注意各民族的习惯与文化背景。有的民族把注视看成是一种冒犯,因此,在目光语交流的过程中,要考虑文化差别的因素。

2. 注意目光的时距。目光注视对方时间的长短,也是很有讲究的。长久不注视对方,则被认为是冷落人家,或者是对对方不感兴趣;长时间地盯着对方看,也很不礼貌。刚一注视就马上躲闪,往往被看做是胆怯或者心虚。要想与别人建立起良好的人际关系,交流的大部分时间都应该关注着对方。60%到70%的时间注视着对方,这会使对方觉得受到关注,从而对你产生兴趣,进而产生信任感。因此,不难想象,紧

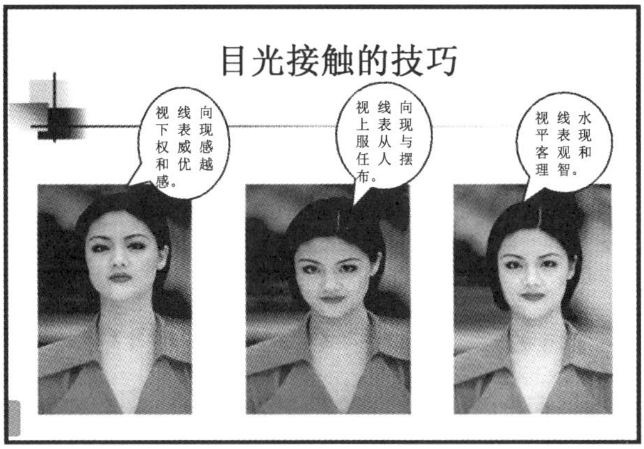

张、羞怯的人由于目光注视的时间太短，就不容易被人信任了。自卑、胆怯的人进行训练的时候尤其要注意自己的目光，千万别飘来飘去。经常对着镜子，看着镜子里的那双眼睛，多加练习，渐渐就能适应了。

3. 注意目光的视式。目光注视的方式我们称为视式，表明交往双方交往的态度。当一方对另一方非常重视，或者谈论比较严肃的话题时，一般会采用正视；当对对方表示轻蔑或者反感的时候，就会采用斜视；当对对方毫无兴趣甚至厌恶时，就会采用耷拉眼皮的姿势。这些变化都是比较有讲究的。比如，在训练演讲的时候，我们大多应该用正视，并适当地配合采用扫视和环视，这样既显得庄重严肃，又照顾到所有的听众，容易引起大家的共鸣。

4. 控制对方的眼神。在人际交往中，我们主要靠注视来维持自己与对方之间的交流关系，靠注视把对方的注意力集中到我们这里。我们如果在向对方讲解什么问题或传授知识，就有必要辅助图画、实物、手势等，以便设法控制住对方的眼神，我们也可以用一支笔或教鞭指着图画或实物，同时念出所指的部分，并注意把笔或教鞭移到彼此目光的直线上。演讲或者朗诵的时候，可以适当辅助手势，增强感染力。

课堂训练　神态训练技巧。

1. 两人一组，用眼神表达你的快乐、兴奋、严肃、嫉妒、敌意、悲伤、自信等情感。
2. 请伙伴提出改进意见，再进行训练。

人物故事

香港著名演员梁朝伟由母亲独自抚养成人。1982 年梁朝伟考入无线电视艺员训练班，1983 年毕业。梁朝伟一开始主持儿童节目，不久转入话剧组，开始拍电视剧。人们说他“一双眼睛懂得演戏”，因此他被称为“忧郁王子”。很多人想拥有像梁朝伟一样迷人的眼神。

展示你最美丽的微笑

人是赋有表情的动物。微笑是最甜、最美、最动人、最心旷神怡的表情，是最珍贵的、无需花费一分钱的天然“化妆品”。动物有痛苦、愤怒，但它们绝对微笑不起来，微笑是人类特有的精神财富，是以礼待人最感人的表情。据调查，很多政治家、外交家、演员、公关人员、运动员，他们事业上的成功，不仅因为他们有出众的才华，更重要的是他们那颇具魅力的微笑。蒙娜丽莎的微笑，令人陶醉，令人痴迷，令人赏心悦目。俗语说：“一笑泯恩仇。”“笑一笑，十年少。”“你今天对客人微笑了没有？”这是美国希尔顿旅馆总裁希尔顿在视察业务时向员工问的第一个问题。卡耐基说过，微笑是别人喜欢我们的规则，是一个给人良好印象的简单方法，一个人的面部表情，比穿着更重要，笑容能照亮所有看到它的人，像穿过乌云的太阳，带给人们温暖。

微笑是人际交往的催化剂，它散发出凡人无法抵挡的吸引力。我们轻轻地一展笑颜，胜过千言万语，“此时无声胜有声”。微笑是我们表达愉悦情感的心灵之窗，透过这个窗口，我们可以表达纯真、亲切、友善、慈祥和诚意。

怎样才能给人一个亲切、友善、热情的微笑呢？最根本的，微笑来自自信、满足和热爱。只有一个充满自信、懂得欣赏自己、热爱生命、热爱生活的人才会发出会心的微笑。运用微笑语传情达意，应该做到以下几点：

1. 自然地微笑。微笑是发自内心的，是美好心灵的表露。我们需要怀抱感恩之心，少一分抱怨，多一分发自内心的满足与快乐。我们感恩生活。生活给予我们成长的机会，给予我们磨砺，给予我们友情和亲情，给予我们快乐和幸福。这样我们才能笑得自然，笑得亲切，笑得美好，笑得得体。

2. 真诚地微笑。微笑其实包含的潜台词就是：“我喜欢你，你使我高兴，见到你很愉快。”真诚其实就是真切、诚恳之意，温暖人心，感人心肺。在自我训练的时候，可以在自己的内心深处注入这样的信息：“我觉得你很好，我也不错，很希望成为你的朋友，跟你在一起很高兴。”

3. 把握微笑的时机。微笑并不是不讲条件的，也并不是可以用于一切交际环境。它的运用，是很有讲究的，这讲究就是微笑的艺术。微笑首先要讲场所。出席一个庄严的集会，参加一个追悼会，或讨论重大的政治问题，自然不宜微笑。谈论一个严肃的话题，或者告知对方一个不幸的消息，或者你的谈话使对方感到不愉快，这些时候就不应该微笑了。微笑要讲究程度。笑得放肆，没有节制，就会有失身份，令人反感。如果一笑而过，同样收不到什么效果。微笑的程度应该是合适。具体合适的程度，需要在实践中摸索。还有，微笑要讲究对象。微笑给恋人传递爱慕之情，给同事、朋友、顾客传达友好之意，对长辈表示一种尊敬，对晚辈表示一种慈爱。

人物故事

小周毕业了，他在求职网上看到一则招聘手机市场督导员的广告，他前去应聘。接待员告知他："对不起，我们不招男生，只招女生。"小周很好奇，笑着问道："女孩子做这份工作有什么特别优势吗？我觉得自己很合适这份工作，可否给我一次面试的机会？"

接待员想了想，决定给小周面试机会。她将小周引荐给面试官："陈经理，这位男生特别喜欢这份工作，请您跟他谈谈吧。"陈经理跟小周谈起手机市场。小周因为进行过多次市场调查，深知各类手机和各大手机市场的特点，就一边笑着一边跟陈经理聊得火热，终于成功应聘了。

小周认为，自己始终保持着微笑，微笑彰显出他的自信和热情，一下子拉近了他与接待员和陈经理的心理距离，最终取得成功。

课堂训练　微笑训练技巧。

1. 对着镜子，练习微笑，保持微笑至离开镜子时也不要改变，然后，用一张白纸遮住眼睛以下部分，让同学猜测你是否正在微笑。

2. 对于微笑训练存在困难的同学，我们建议采用情绪诱导法：设法寻求外界事物的诱导、刺激，以求引起情绪的愉悦和兴奋，从而唤起微笑。例如，打开你喜欢的书页，翻看使你高兴的照片、画册，回想过去幸福生活的片断，播放你喜欢的、容易使自己快乐的乐曲等，以期在欣赏和回忆中引发快乐和微笑。有条件的，最好用摄像机摄录下来。

正确运用首语

首语，就是通过头部活动包括点头、摇头、侧头、昂头、低头等传递的信息。每一种首语所包含的意义都很丰富。比如我们点头，可以表示致意，表示同意或者肯定，表示承认，表示感谢或者表示满意，表示理解或顺从等；我们摇头，可以表示不满，表示怀疑，表示反对和否定，表示拒绝，表示不理解或者无可奈何等；我们侧着头，可以表示思考，表示询问，表示天真等；我们昂头，可以表示我们充满信心，胜利在握，表示踌躇满志，或目中无人；低头则表示顺从、听话，表示委曲、无可奈何，表示另有想法等。

首语内涵丰富，在进行训练和运用的时候，应该做到：

1. 动作要明显，干脆利落。如点头或者摇头，动作要稍大些，让对方看清楚，领会你的意思，不能似是而非，造成误解。

2. 注意配合其他的交际语言。如点头时配合一个“嗯”，就不会引起别人的误会。也可以配合其他体态语使用。比如，当我们侧着头表示询问的时候，身体应该稍向前倾，再配合“哦?”之类的语言，这样的表达效果往往比较好。

3. 注意了解其他民族的习惯。不同的民族具有不同的首语，有的民族的首语与我们的首语相反。同这些民族的人交往时，要先弄清他们的首语含义，以免引起不必要的误会。

课堂训练　学会首语表达技巧。

1. 用首语表达赞成、反对、失望、拒绝、自我陶醉、服从等意思。

2. 收集各地人们表达赞成、反对、失望、拒绝、自我陶醉、服从等意思的首语。

第二节　动作语言运用

大胆挥动你的双手

手势语也是一种表现力非常强的体态语，其内涵十分丰富，能够表达很多意思。演讲、朗诵或者与人交谈的时候，适当配合着手势，往往能够增强感染力，既可以弥补有声语言的不足，又可以起到强化的作用。手的活动范围较广，活动幅度较大。在戏剧界和音乐舞蹈界有这样一句话：“手是第二个脸。”的确，手是人体敏锐、丰富的表情器官之一，它以丰富的造型传递人们的潜在心声，沟通人们内心的微妙感情。

手活动的区域分为上区、中区、下区。上区手势是指手在肩部以上的活动区域，多用来表达积极的、理想的、宏大的、激昂的内容与情感。中区手势是从胸部到腹部，多表示比较平静的思想和情绪，比如在叙述事实、说明情况、阐述事由时都可以使用。下区手势是指手势在腹部以下的区域，多表示憎恶、鄙夷、不屑、厌烦等内容与情感。

手的动作主要有三类：

1. 手掌动作。

（1）手臂向前，抬至胸前，手掌伸开，手掌向前上方用力挥动。表示号召、勇往直前。

（2）手掌向上，前伸，臂微曲。表示请求、欢迎、赞赏等意思。

（3）臂微曲，手掌向下压。表示反对、制止、否认、压抑等意思。

（4）两掌掌心向前，从胸前往外推出。表示拒绝接受某种东西，或不赞成某种思想观点。

（5）两掌由外向内，往胸前收回。表示接受某种思想观点，或者接受某种东西。

（6）两掌由合而分。表示消极、失望、分散等。

（7）两掌由外向内，由分而合。表示团结、联合、亲密等意思。

2. 手指动作。

（1）食指直伸，其余手指内屈。可以表达涉及某个话题、对象和物件，需提醒听众注意，或指方向等。

（2）手向前平伸，掌立起，或伸出若干手指，或握若干手指。表示具体数目。

（3）五个手指由外向内集中收拢。表示某种力量集中，某种事物相聚等。

（4）手指向下用力收拢。表示控制、抓握等。

3. 拳头动作。

（1）拳头紧握，高举。表示坚决拥护、强烈反对、严重警告等。

（2）拳头向下用力挥动或捶击。表示决断、愤怒等。

（3）拳头向前冲击。表示打击、反击、对抗等。

（4）拳头向左下方斜击。表示驱赶、惩罚等。

课堂训练　自选演讲词片段，设计手势语言。

1. 同学们，我的同龄人，我的朋友们！不为别人，就为自己，就为岁月赐给我们年轻的臂膀和这一腔热情，伸出你年轻的双手吧！擎起希望的火炬，让我们劈风斩浪，走向辉煌的明天！

2. 青年朋友们，人生就是一曲奋斗的乐章，只要你挺起胸膛朝着理想目标奋进，那么，你心中无奈的乌云就会散去，一轮充满希望的朝阳就会升起。

3. 同学们，朋友们，让我们手拉手共同唱一曲与时俱进的赞歌，把我们的校园生活变得红红火火；让我们共同填写一份优秀的答卷，把它献给我们亲爱的妈妈——伟大的祖国！

4. 人生并不是一帆风顺，每个人从降生开始就有着种种困难等待着他。人生不在于拥有一副好牌，而是怎样打好一副坏牌。我们每一个人都应该充分发挥自己的潜力，勇于面对困难，并打倒困难，寻找属于自己的蓝天。

5. 自信吧，年轻的朋友；自信吧，亲爱的同学。在人生的海洋里，驾着你事业的航船，摇动你奋斗的双桨，扬起你自信的风帆，就一定能到达理想的彼岸。

6. 三月十四日下午两点三刻，当代最伟大的思想家停止思想了。让他一个人留在房里还不到两分钟，等我们再进去的时候，便发现他在安乐椅上安静地睡着了——但已经是永远地睡着了。

7. 我们不怕死，我们有牺牲的精神！我们随时像李先生一样，前脚跨出大门，后脚就不准备再跨进大门！

正确运用握手礼

握手能表达许多复杂微妙的思想、感情，是现代交际活动中不可缺少的礼节和手段，用于表示友情与祝愿，表示诚意或谅解，表示合作与欢迎，甚至表示挑战或握手言欢等。

握手礼的运用也十分讲究。一般在相互介绍和会面的时候，需要相互握手；遇见朋友先打招呼，然后是互相握手并寒暄一下。一般情况下，握手的时间不必太长，握一下即可，也不必太用力。但关系亲近的则边握手边问候，甚至两人双手长时间地握在一起。

握手的顺序也有讲究。应该由主人先伸手、年长者先伸手、身份高者先伸手、妇女先伸出手，客人、年轻人、身份低的人、男人在见面的时候先问候，但要等待对方伸手，再握住对方的手。多人时，注意不要交叉握手，应该等别人握完再伸手。男子在握手之前必须先脱下手套，摘下帽子。男子和妇女握手时，往往只握一下妇女的手指部分。当然，商务交往中，男女的性别差异往往不大，男女之间的握手可以遵循一般的握手礼节。

日常生活中，我们握手的次数很多，但每一次握手都应该尽量做到规范、到位。握手时双目必须注视着对方，微笑致意，不要左盼右顾，也不要低着头。通过眼睛的接触，一方面可以借着眼中流露出的是否真诚的含义来加强或减弱握手的力量，另一方面可以观察对方对你握手的反应如何。平日里多练习几次，大胆实践，你会了解自己的手，感受到自己带给别人什么样的感觉，你也将了解更多人，感受着他们给你的感觉。

人物故事

1954 年 4 月 26 日，经中、苏、英、美、法五国同意，谋求和平解决朝鲜问题的日内瓦会议召开。美国代表团团长杜勒斯下令，不准同中国代表团任何人握手，以傲慢顽固态度对待出席日内瓦会议的中国人员，成为外交史上的笑料。

1972 年 2 月 21 日，中美关系缓和，美国总统尼克松乘专机访问中国。尼克松与夫人走下飞机，距周恩来总理还有两步之遥时，便主动伸出长臂，握住周总理的手，中美两国领导人的手握在一起。

周总理和尼克松会谈时曾对尼克松说："您刚才不是在毛主席那里已经说了嘛，我们握手了。杜勒斯就不敢这样做。"尼克松则说："总理，您也不一定愿意同他握手吧？"周总理肯定地说："不见得，如果他愿意的话，我会跟他握手的。"尼克松说："那好，我们再握一次手吧。"说完，他隔着谈判桌主动地与周总理再次伸手相握，表示友好。

课堂训练　正确运用握手礼。

1. 请各组成员面对面进行训练：用右手，双腿并立站直，微笑着注视对方眼睛；与多人握手时，顺其自然，一一握手，不要交叉握手；男士与女士握手时，时间长短和力度要适中。

2. 请你把小组成员的个人表现填入表 2-1，也请你总结大家对你的评价并加以改进。

表 2-1　正确运用握手礼调查表

姓名	站姿是否自然	目光是否有神	手势是否协调	微笑是否自然	握手是否规范	存在问题

站如松，掌握正确的站姿

立姿可以分为庄重严肃型、恭谨谦虚型、傲慢自负型和无理粗鄙型。所谓庄重严肃型，就是腰板挺直，全身直立，精神振作，给人以庄重、严肃的印象。比如各种演说、大会讲话、被人介绍、接受奖励等活动，我们大都采用庄重型的立姿；恭谨谦虚型要求我们略微低头，垂手含胸站立，给人以谦虚、诚恳、恭谨的印象。采用恭谨谦虚型的立姿，为的是表达尊重和虚心。人际交往中，我们不要使用傲慢自负型的立姿，即不要两手交叉在胸前，两脚向外分开，歪着身子站着，给人以傲慢、自负、骄矜的印象。如果歪斜着身子，一腿在前，一腿在后，或交叠着双膝站着，抖动着脚尖，则给人以无理、粗鄙的印象，这对建立良好的人际关系非常不利。

一般情况下，我们在站立的时候，头部要正，颈部要直，双肩自然展开并向下沉，收腹、立腰、提臀，人体有向上的感觉；两脚并拢，膝盖挺直，小腿往后发力；女士四指并拢，虎口张开，手臂自然下沉。如果是女性服务人员，站立时还需要用右手握住左手，轻轻放在肚脐眼的位置，面带微笑，双腿可采用“丁字步”站立。男性服务人员的右手握住左手，放在后背部，双腿站立成微微张开的“V”字，面带微笑。服务人员见到客人亲切地问候：“您好！欢迎光临！”给人宾至如归的感觉。规范的立姿，是一种无声的语言，也是我们良好素质的表现。

坐如钟，掌握正确的坐姿

坐姿要求“坐如钟”，给人以端正、大方、自然、稳重之感。入座时要轻要稳，走到座位前，转身后，轻稳地坐下来。女子入座时，若是裙装，应用手将裙摆稍稍拢一下，不要坐下以后再站起来整理衣服。在椅子上，一般坐满椅子的三分之二。一般情况下，不要靠背，休息时可轻轻靠背。

入座以后，上身保持站姿的基本姿势、双膝并拢两脚平行，和鞋的方向一致。据所坐的椅子高低调整坐姿，双脚可正放或侧放，并拢或交叠，但必须记住：女士的双膝应并拢，任何时候都不应该分开。

双手可自然弯曲放在膝盖或大腿上，如果坐在有扶手的沙发，男士可将双手分别搭在扶手上，而女士，最好只搭一边扶手，以显示高雅。

起立时，双脚回收半步，用小腿的力量，将身体支起，不要用双手撑着腿站起，要保持上身的直立状态。

与人交谈时，双腿不停地抖动，甚至脚跟离开鞋跟抖动，或者身体左右摇晃等都是不礼貌的、缺乏教养的表现；与人交谈时不能叠腿（即跷二郎腿），特别是与领导、长辈的谈话，应该保持双“L”形，即大腿与小腿成直角，臀部与背部成直角，而且不能靠背，更不能将双脚搭到椅子、沙发、桌子上。坐下后脚尖相对，或双腿拉开成八字形，切忌将脚伸得很远。

女士叠腿姿势要慎重、规范，不可成“4”字形。男士也不能出现这种不雅的坐姿。

行如风，把握正确的走姿

走姿以站姿为基础，面带微笑，眼睛平视。发言者上台发言时要精神饱满、步履稳健、神态自然、面带微笑。走下台时，应该自信从容，切不可慌慌张张，或者漫不经心；双肩平稳，双臂前后有节奏地摆动，摆幅以30%～35%为宜，双肩、双臂都不应过于僵硬。走路时，身体稍前倾，行走时左右脚重心反复地前后交替，使身体向前移，并且两只脚两侧行走的线迹为一条直线。

步伐的幅度要适当。一般应该是前脚的脚跟与后脚的脚尖相距为一脚长，但因性别身高不同会有一定差异。着装不同，步幅也不同。如女士穿裙装（特别是穿旗袍、西服裙、礼服）和穿高跟鞋时步幅应小些，穿长裤时步幅可大些。跨出的步子应是脚跟先着地，膝盖不能弯曲，脚踝和膝盖要灵活，富于弹性，不可过于僵直。

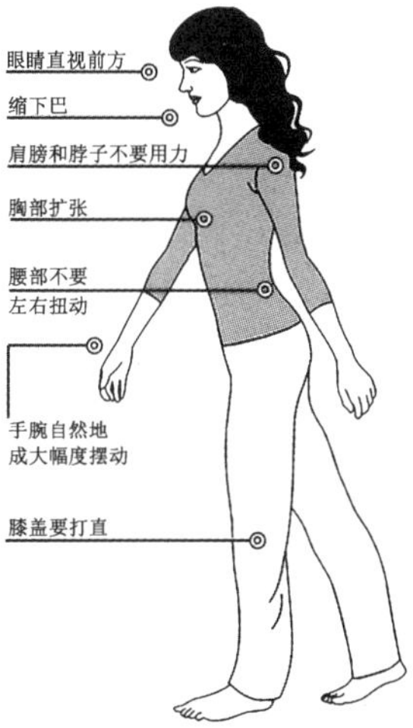

走路时应有一定的节奏感，走出步韵来，不要拖泥带水。自我训练的时候，可以聆听节奏感较强的音乐，以便增强乐感。在实际生活中，很多人的走姿不规范，因此，在自我训练时，应该注意纠正这些不规范的走姿：

走路最忌讳“内八字、外八字”；

弯腰驼背，摇头晃脑，扭腰摆臀；

膝盖弯曲，交替不协调，使得头先去，腰部和臀部在后；

左顾右盼，走路时抽烟，双手插入裤兜；

身体松垮，无精打采；

摆手过快，幅度过大或过小。

人物故事

小郑几次面试都失败了。他来找职业指导老师做咨询，一进门就问：“老师，我怎么几次面试都不行啊？”不等老师回话，他一屁股就坐到老师对面的椅子上，两条腿变换着坐姿，一会儿跷起“二郎腿”，一会儿踮起脚尖，还不时地晃动着双腿。老师问道：“你面试的时候也是这样的姿态吗？”小郑说：“是啊，我紧张啊。我紧张的时候就忘记怎么做了。”老师语重心长地告诉小郑：“企业非常注重员工的个人素质，你的形象是你的第一名片啊。建议你多训练几次再去面试吧。”

老师按照面试环节细致地指导小郑训练敲门、站立、问好、坐姿、致谢，关门离开面试场所等动作，小郑很快就掌握了要领。几天后小郑顺利被一家企业录用了。

课堂训练 体态语言运用。

1. 小组成员面对面站立，对望，不必说话，然后再问好、握手、寒暄。
2. 小组成员摆放椅子，面对面入座，自选题材，进行交谈。
3. 各自对镜演练坐、立、行的姿势。

好书推介

罗盘编著的《说话的艺术》将目光投注在日常生活中，采撷鲜活的事例，提炼出浅显易懂的说话方法，语言精妙，文字洗练，告诉大家怎样提高说话水平。

单元三

礼貌用语的力量

礼貌用语就像一朵朵美丽的莲花，从一个人的嘴里吐出来，散发的是熏人的芳香，能够营造良好的人际交往氛围。在这样的氛围中，人人善结人缘，人际交往的圈子越来越大，人脉关系越来越广。在人际交往中，常常使用的礼貌用语主要包括称呼与问候、拜访与接待、介绍与自我介绍、致谢与致歉、安慰与劝说、赞美与鼓励等。

第一节　礼貌用语与人际沟通

恰当的称呼表达你的尊重

称呼指的是人们在日常交往应酬中采用的称谓语。在人际交往中，选择正确、适当的称呼，反映着自身的教养、对对方尊敬的程度，甚至还体现着双方关系发展达到的程度和社会风尚，因此不能随便乱用称呼。

选择称呼要合乎常规，要照顾被称呼者的个人习惯，入乡随俗。在工作岗位上，人们彼此之间的称呼是有其特殊性的，要庄重、正式、规范。

1. 职务性称呼：与交往对象的职务相称，以示身份有别、敬意有加，这是一种最常见的称呼。一般有三种情况：直接称职务或者在职务前加上姓氏，抑或在职务前加上姓名，适用于极其正式的场合使用。

2. 职称性称呼：对于具有职称者，尤其是具有高级、中级职称者，在工作中可以直接以其职称相称。称职称的时候可以只称职称、在职称前加上姓氏、在职称前加上姓名，也适用于十分正式的场合。

3. 行业性称呼：在工作中，有时可按行业进行称呼。对于从事某些特定行业的人，可直接称呼对方的职业，如老师、医生、会计、律师等，也可以在职业前加上姓氏、姓名，适用于正式的场合。

4. 性别性称呼：对于从事商界、服务性行业的人，一般约定俗成地按性别的不同分别称呼“小姐”“女士”“先生”。“小姐”是称未婚女性，“女士”是称已婚女性。

5. 姓名性称呼：在工作岗位上称呼姓名，一般限于同事、熟人之间。有三种情况：可以直呼其名；只呼其姓，要在姓前加上“老、大、小”等；只称其名，不呼其姓，通常限于同性之间，尤其是上司称呼下级、长辈称呼晚辈，在亲友、同学、邻里之间也可使用这种称呼。

在正式场合中，正确的称呼和问候非常重要。一个具有高素质的人，一定会特别关注这些细节，避免造成失误。

人物故事

在世界外交史上，周恩来以自己独有的个人魅力和天才的外交智慧所取得的外交成就令人惊叹。在1954年日内瓦会议上，周恩来曾舌战十六国，彰显大国风范，《时代》杂志称其为“战略家”。《时代》杂志高级编辑赞道，共产主义中国不仅仅是在利用日内瓦，高唱共同缓解反共压力，还在想方设法将自己与和平联系起来，提倡“亚洲是亚洲人的亚洲”。

美国前总统尼克松称赞周恩来：“他的敏捷机智大大超过了我所知道的其他任何一位世界领袖。”

加拿大著名学者罗纳德更是赞叹：“周恩来是本世纪最伟大的外交家，国际上公认的完美的外交家。”可以说，一个政治家让新中国登上了国际舞台！

课堂训练 正确称呼他人。

在正式场合，称呼他人有哪几种方式？请列举数种，填入表3-1。

表3-1 正式场合正确称呼方式调查表

第一种	
第二种	
第三种	
第四种	
第五种	
第六种	
第七种	
第八种	

亲切的问候表达你的诚意

正确的称呼和恰当的问候是相辅相成的，我们对以下问候语一定不陌生吧。

★ 看望别人应说：拜访。

★ 等候别人应说:恭候。

★ 请人勿送应用:留步。

★ 麻烦别人应说:打扰。

★ 请人帮忙应说:烦请。

★ 求给方便应说:借光。

★ 托人办事应说:拜托。

★ 请人指教应说:请教。

★ 他人指点应称:赐教。

★ 与人分别应说:告辞。

1. 见面语:见面最初时,我们需要说的表达尊重的、简短的语言。

早晨见面:"您早!""您好!""早上好!"

中午见面:"您好!"

初次见面:"您好,见到您真高兴!""您好,认识您真高兴!"

节日见面:"节日快乐!"

迎宾用语:"欢迎光临!"

使用见面语时,需要看对象,看时间,看具体情况。不同的交往对象,不同的时间见面,在不同的情况下,见面语应该有所不同。最常见的见面语就是问候语。问候别人需要恰到好处,尊重为本。

2. 感谢用语:因他人的好意或对自己的帮助而对其产生好感,以表谢意的语言。

"谢谢您!"

"麻烦您了,非常感谢!"

"非常感谢您的培育!"

"很感谢您的美意,我心领了。"

感谢别人时,态度应该诚恳,目光应该注视对方,声音应该洪亮,感谢语言应该适度,不要太过分,以免引起对方不自在甚至反感。

3. 道歉用语:指向别人表示歉意的语言。

"对不起,实在抱歉。"

"真是过意不去"。

"对不起,打搅了。"

"这是我的责任,对不起。"

道歉是一种美德,因此道歉应该大方、真诚,勇于承担责任,千万不要故意掩饰自己的过错。道歉的方法可以灵活运用,一句"对不起",一封短信,一个真诚的微笑,都可以起到很好的道歉作用。

4. 赞美用语:用于赞美他人的语言。

“太棒了!”

“这太好了!”

“您对我们太好了!”

“您看起来非常精神呀!”

5. 谦让用语:向人表示谦恭或自谦的语言。

“请多指教。”

“请您留步。”

“请用餐。”

“请上座。”

6. 其他文明用语:“您好”“请”“谢谢”“对不起”“再见”。

课堂训练 掌握拜访与接待技巧。

(一)上门拜访用语

1. 电话预约需要注意以下事项:

★ 先思考清楚,再拨打电话,不要打错电话,不要说错话。

★ 第一次打电话时,请先做自我介绍:“您好! 我是某某。”自我介绍后,应该简单说明打电话的理由。

★ 拨打办公电话使用的语言一定要有礼貌,要直截了当,说话要专业、到位。

★ 谈完公事以后,寒暄两句客气话才挂断:“谢谢您,再见!”“实在麻烦您了,再见!”

2. 见面之初需要正式、规范。一般拜访客户敲门时宜用食指弯曲轻轻敲门,连续两下,如果没有应答,稍等片刻再连续两下,太少不一定能听到,连续扣击次数太多令人不舒服,有种催促的感觉。开门后需要自我介绍:“您好,我是××公司的××,曾给您打过电话,今天特地过来拜访您。”

3. 正式交谈需要把握会谈用语。正式的会谈特别讲究语言的使用,在称谓上要注意使用敬语,如:阁下、您、先生、××总、××董。在措辞上要谨慎,如需要对对方说“不”时要特别婉转。

4. 告别时正确运用告别语。告别时一般的用语有:“再见”“谢谢”“很高兴认识您”“后会有期”“请留步”“期待与您合作”等。

(二)接待来客用语

1. “请进! 欢迎! 欢迎!”

2. “您好! 先生(女士)您是……?”

3. “请问您找谁?”

4. “他(她)不在,请问有事需要转告吗?”

5. “×××单位(或×××同志)在×楼，我带您去(或指明地点)。”

6. “对不起，让您久等了。”

7. “您请坐，请喝茶。”

8. “我就是。请问有事需要办理吗?”

9. “请稍等，我马上为您办理。”

10. “对不起，这个问题……，请留下您的联系电话，我们研究后给您答复，好吗?”

11. “您慢走！欢迎下次光临!”

电话里的表达与沟通

电话沟通更能彰显一个人的沟通能力。我们很难从一个打电话时啰里啰唆、满嘴粗话的听觉形象中相信对方具有良好的风范和强大的实力；与此相反，如果我们听到的是一个说话严谨、谈吐不俗、礼貌热情的形象，我们恐怕很难怀疑对方的素质和实力了。因此，我们有必要认真学习并掌握电话沟通艺术。

接听电话时，应该注意以下几个方面的问题：

1. 铃声一响，应该马上接听。超过三声才接听的，应先说：“对不起，让您久等了。”语调热情、有礼，音量适中、清晰。

2. 公务电话交谈，第一句话应该用普通话“您好！这是某某公司”或者“您好，我是某某”。不宜“喂、喂、喂”，不要用手拍打着电话，不要用嘴对着话筒吹气，以免让对方感到你非常不礼貌，觉得你属于那种没有见过任何世面的人。

3. 接听电话以后，如果需要找别人听电话，请说一句：“请稍候，我找他听电话。”千万不要主动打听：“你是谁呀？你找他有什么事啊?”除非公事的确需要你这么做。

4. 如果你是秘书或者办事人员，接听公务电话时，应该做好电话记录：何时、何地、何人、何事。记录好后要重复一次，再将电话内容准确转述给相关人员。

课堂训练　电话沟通技巧。

1. 请模拟公司前台接待员与客户进行电话沟通。

2. 请模拟客服工作人员向陌生人推销公司的最新产品(产品名称自定)。

与陌生人交流与沟通

1. 微笑、打招呼：给对方一个友好的、想交谈的信号：“您好!”“早上好!”打招呼，握手，眼神接触，点头示意。

2. 礼节性问候：“您好像经常来这儿，是吗？我在这儿见过您好几次了，我叫×××，您好!”“您好！请问我们以前见过面吗？我觉得您很面善。”“您很有气质，太像我一个朋友了。”

3. 记住对方的名字和其他信息：如果对方做自我介绍的话，一定要注意努力听清对方的名字，千万不要只想着自己接下来要说什么，连别人的名字都没有听清楚。

4. 找到双方谈话的兴趣点：认真聆听对方想表达的意思，捕捉对方说的关键词语，初步判断对方有什么样的兴趣和爱好，进而利用对方提到的关键词提出一些简单的、对方容易回答的问题。

5. 把说话的机会留给对方：当一个话题快要进行得差不多的时候，你可以根据对方曾经说过的一些信息，进行礼节性提问，寻找下一个兴趣点，继续交谈。不要选择那些别人不擅长、自己不懂的话题，以免尴尬。

6. 把自己跟陌生人交流的经历记录下来，及时地进行总结。

致谢与致歉的基本技巧

1. 致谢要恰当。每个人的一生需要对很多人表示感谢，成人礼上对父母、老师致谢，获得成功时对帮助自己的人致谢。即便没有成功，得到了别人的帮助也应该致谢。

奥斯卡金像奖是美国电影艺术与科学学院每年颁发给最佳影片、演员、导演等的奖项。获奖者对自己的亲人、朋友或合作伙伴表达感谢，是奥斯卡颁奖典礼中的重要内容。获奖者的感言，是较好的语言学习材料。下面是一位奥斯卡获奖者的致谢辞，堪称“表达感谢”之典范。

I'm very grateful to receive this award for “best actress”. I can't begin to tell you how much I appreciate this great honor.（能够获此“最佳女主角”奖，我非常感激。我现在无法表达我是多么珍惜这个伟大的奖项。）

There are many people I'd like to thank. First of all, I want to thank my parents for bringing me into this world. I also want to express my gratitude to all of my teachers over the years, but especially to my acting teacher, Jim Jones, who taught me everything I know. I also want to thank my husband, for his understanding and kindness. And finally, I want to express my appreciation to all of my friends for their support, especially to Martin Miller, for being there when I needed him.（我想感谢的人很多。首先，我想感谢我的父母把我带到这个世界上。另外，我还想对这么多年来教过我的老师们表达谢意，尤其要感谢我的表演老师吉姆·琼斯，他教会了我所知道的一切。我还要感谢我的丈夫对我的理解与关怀。最后，我想感谢我所有的朋友们，感谢他们对我的支持，特别要感谢马丁·米勒，每当我需要他时，他总在我身边。）

This award means a great deal to me. Words can't express how honored I feel at this moment. I will remember this night for the rest of my life! Thank you very much!（这个奖项对我来说意义重大。我感到万分荣幸，任何言辞都不能表达我此刻的心情。这一晚我将永生难忘！非常感谢！）

2. 致歉要真诚。人生难免犯错，犯错了就必须道歉，所谓“知耻者，近乎勇也。”真诚的“对不起!”“十分抱歉!”等致歉语可以很好地化解人际交往危机。

名人、公众人物犯错误就更需要道歉,因为其言行对他人有更大的影响力。下面是日本丰田公司总裁丰田章男在美国听证会上就汽车安全问题接受美国议员质询,向消费者道歉:

I regret that this has resulted in the safety issues described in the recalls we face today, and I am deeply sorry for any accidents that Toyota drivers have experienced. (我很抱歉这导致了我们今天面对的召回中的安全问题,对丰田的司机们遭遇过的任何事故都感到由衷地抱歉。)

In the past few months our customers have started to be unsure about the safety of Toyota vehicles, and I take full responsibility for that. (在过去几个月里,我们的消费者开始怀疑丰田汽车的安全性,对此我承担全部的责任。)

丰田章男已于3月1日来到北京向中国消费者道歉,他说:

I would like to apologize from the bottom of my heart for the worries that we have caused to the people around the world, including China, for the recent recalls. I'm very sorry. (我发自内心为我们给包括中国在内的全球消费者带来的担忧表示道歉,为我们最近的召回事件表示道歉。真对不起。)

安慰与劝说的基本技巧

1. 安慰别人要及时。你理解“好言一句三冬暖”这句话的含义吗?你曾经很渴望别人安慰吗?你会安慰别人吗?没关系,你很快就会懂得了。下面是一些安慰他人的句子,请仔细品味,并在学员间相互学习、训练。

※ 轻轻的风,吹开你紧锁的眉头,让所有的愁绪向后飞去。请不要回头去追那些不属于你的忧愁,你应该向前奔跑,因为快乐在前方!

※ 昨天已经过去,而明天还没有来到,最重要的是保持今天快乐的心情。

※ 人生是如此短暂,哪有心思去浪费呢?有智慧的哲人曾经说过:“大街上有人骂我,我是连头也不回,根本不想知道这个无聊之人!”

※ 我们既不要去伤害人家,也不要被别人的批评左右,还是按照自己的愿望,先踏踏实实学好本领再说。特别在少年时要全力以赴学本领,不要分心,用心做自己该做的事。

※ 何必为痛苦悔恨而丧失现在美好的时光。偶尔抱怨发泄一下,是必要的,但是无休止地抱怨只会增添烦恼,只能向别人显示自己无能。抱怨是一种消极心态,一旦自己的抱怨成为恶习,那么人生就会暗淡无光,不但自己好心境全无,而且别人跟着倒霉。抱怨没有好处,乐观才最重要。

※ 若连自己都不爱,还能爱别人吗?喜欢自己吧。

※ 何必为痛苦悔恨而丧失现在美好的时光,何必为莫名忧虑而惶惶不可终日。过去

的已经一去不复返了，再怎么悔恨也是无济于事。未来的还是可望而不可即，再怎么忧虑也是会空悲伤的。今天心、今日事和现在人，却是实实在在的，也是感觉美好的。当然，过去的经验要总结，未来的风险要预防，这才是智慧的。

※ 赶快让自己乐观快活起来吧，你的心理状态一旦改变，身体、精神也会随之变化。那样你会得到一种永远向上的力量，这种力量会使你健康而充满活力！

※ 我们每个人都可能被打倒，但任何人也阻止不了我们从地上爬起来，你该不会躺在地上耍无赖吧。

2. 劝说别人要明之以理。我国历史上的张仪和苏秦就是代表。作为著名的"说客"，他们用嘴巴改写了中国历史，已经被后人载入了史册。诸葛亮舌战群儒，乔冠华在联合国大会上挫败美国代表，他们的传奇故事特别深入人心。据调查，我国企业目前十分缺乏深谙心理学的谈判专家，在大型国际谈判、危机公关出现时，常常显得力不从心。

生活中如果劝别人去做某件事，在表达上可以先说明事态的具体情况，尽量以选择的形式提问，别人会比较容易接受。如："现在我们小组项目制作时间已经进入尾声，可是我们还有很多琐碎的事没做，我们要进行一次分工。你是要干 A 呢，还是做 B?"

如果是劝说别人别去做傻事，最好的方式是明之以理，晓之以情。先表示认同或者理解对方的情绪或者想法，然后把事情的轻重缓急认真分析一下，一一向对方说明，尽量别给对方讨论的机会，让对方回答"对""是的""没错"之类表示赞同的话。可以说："如果别人骂你的亲人，你也会生气的吧?""我们不能因为一个人的情绪而影响了集体的进度，对不对?"然后通过换位思考，从自我这一方面引向大的方面等，这会比直来直去效果好。

对说客感兴趣的同学可以借阅姜安的《战国说客双雄》，也可以欣赏由林兆华导演、濮存昕及高亚麟主演的话剧《说客》，从中学习劝说别人的技巧，在生活中加以实践，以提高自己的劝说能力。

课堂训练 安慰或劝导的技巧。

当你的同学或者好朋友遇见一件不开心的事情时，你该如何安慰或劝导？

1. 考试失利：

____

____

2. 失恋：

____

____

3. 亲人病逝：

____

____

第二节　介绍与自我介绍

自我介绍的 SOLER 模式

自我介绍是在社交场合中打算与某人相识或求职者新到一个环境中等情况下，需要做的有关自我信息的介绍。这是在双方互不相识，又没有中间人的情况下所需要的一种介绍方式。自我介绍的内容包括自己的姓名、身份、单位，如果是求职的话，还需要进一步介绍自己的学历、专长、兴趣和经历等情况。

自我介绍的时候，举止要庄重大方，表情坦然、亲切。交流过程中，目光要真诚，绝大多时间，应该直视着对方。自我介绍时，最难做到但又最重要的事情就是给交流对象留下良好的第一印象，即首应效应。第一印象往往最深刻，而且常会成为一种基本的印象，影响着对方以后对我们各方面的评价。俗话说，先入为主，讲的就是这个道理。建立良好的第一印象，最根本的方法就是善于表现自己。如何表现呢？社会心理学家艾根提出，同陌生人相遇时，按照 SOLER 模式表现自己，可以明显地增加别人对我们的接纳性。

S：坐或站要面对别人。

O：姿势要自然放开。

L：身体微微前倾。

E：目光接触。

R：放松。

SOLER 模式要求我们跟人交往的时候，一定要从自己的无声语言和有声语言里表现出这样的信息："我很尊重你，我对你很有兴趣，我内心是接纳你的，也请你接纳我。"再配合自然得体的举止，给对方留下轻松良好的第一印象，从而为建立良好的人际关系打下基础。

有了良好的第一印象，自我介绍就显得很自然了。

初次见面，我们需要说见面语。比如早晨见面，可以说："您早！""您好！""早上好！"接下来再进行自我介绍："我是某某。"如果要继续交流下去，可以询问："请问您贵姓？"

课堂训练　分组训练 SOLER 模式。

1. 各组成员按照 SOLER 模式要求进行训练。

（1）Sit/Stand：坐或站要面对别人。

（2）Open：姿势要自然放开。

（3）Lean：身体微微前倾。

(4) Eye:目光接触。

(5) Relax:放松。

(6) 说见面语,如早晨见面,可以说:“您早!”“您好!”“早上好!”

(7) 进行自我介绍:“我是某某。”“请问您贵姓?”

(8) 双方进行简短的交流。

2. 邀请你的好朋友跟你一起进行训练,做到熟能生巧,再主动跟陌生人交流。

中间人介绍注意事项

懂得有礼有节地居中为他人作介绍,体现从业人员的职业素养。中间人介绍需要注意以下问题:

1. 必须记住介绍的顺序。

把男士介绍给女士。

把年轻人介绍给年长者。

把地位低的人介绍给地位高的人。

把次要人物介绍给主要人物。

把晚到的客人介绍给早到的客人。

2. 需要提前了解双方的基本情况,为双方交谈提供有效的信息。

课堂训练 介绍与自我介绍技巧。

小组成员实施角色分配,训练一轮后角色互换,反复训练,直到大家都掌握介绍与自我介绍的基本礼节与程序为止。

1. 记住介绍的顺序。

把男士介绍给女士。

把年轻人介绍给年长者。

把地位低的人介绍给地位高的人。

把次要人物故事给主要人物。

把晚到的客人介绍给早到的客人。

2. 介绍身边的同学或朋友,步骤如下:

(1) 向他人介绍你身边的同学或者朋友。

(2) 各小组派代表介绍本组成员,其他成员仔细观察并认真评价。

(3) 训练结果记录:请你记录下本组成员的训练情况并将具体评价填写在下面的表3-2中。

表 3-2 小组成员训练评价表

姓名	站姿是否自然	目光是否有神	手势是否协调	微笑是否自然	表达是否清楚	存在问题

名片的使用与交换

名片的主要作用在于向对方介绍自己的身份，便于今后通讯联系，建立交往关系。名片使用要求：

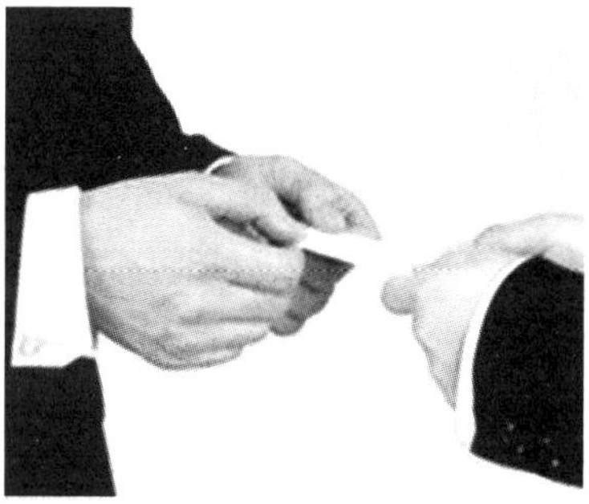

1. 递名片。首先要把自己的名片准备好，名片要放在易于掏出的口袋或皮包里。递送时应将名片正面面向对方，双手奉上，伴随 15 度的鞠躬，眼睛注视对方，面带微笑，并真诚大方地说："这是我的名片，请多关照。"

2. 接名片。双手接过名片后，要恭敬和面带微笑，要仔细看一下，记住对方的名字、职务，并郑重地放入自己的口袋或名片夹内。看名片时，可以说"很高兴认识你"之类的话，切忌接过名片后看都不看一眼就随手放到一边，这样做很不尊重对方。

3. 索要名片。向别人索要名片时可以采取以下办法：

(1) 交易法：递上自己的名片，说："这是我的名片，请多关照。"对方一般会把自己的名片递给你，平等交易。

(2) 激将法：如果你把名片递给对方，对方说："谢谢！"但并没有把自己的名片给你，怎么办呢？你如果很想把对方的名片要过来，可以说："请问，我能不能有幸与您交换一下名片？"

(3) 谦恭法：索要长者、尊者的名片，可以采用谦恭法，如："张老师，刚才听了您的讲课，我很受启发，希望有机会继续向您请教。今后我如何向您请教呢？"这种情形下，对方一般不会拒绝你的请求，但如果对方说："对不起，我的名片刚好用完了。"这时候，你不要穷追不舍了，对方很显然不愿意给你名片，请你不必强人所难。

（4）平等法：索要一般人的名片，可以说："请问，今后我如何与你联系呢？"如果不愿意给别人名片，可以说："以后我跟你联系吧。"

课堂训练 正确使用名片。

1. 请大家为自己未来的身份制作一张名片，并与他人进行名片交换训练。

2. 请各组分为扮演接待人员和来宾进行训练，步骤如下：

第一，把一位尊贵的来宾介绍给在场的人。

第二，把几位来宾介绍给在场的人。

第三，把来宾介绍给几个主要人物。

3. 指导教师抽取两个小组上台演示。

其他小组成员点评：

____

____

指导教师点评：

____

____

第三节　宴请语言与表达

宴请礼仪的基本要求

一般地，宴请主要是为了答谢别人，所以应该量力而行，真诚、热情、周到。通过训练，掌握真诚赴宴的技巧。接到邀请，应尽早答复对方是否可以赴宴，以便对方做好安排。一旦确定出席，就不要随意进行改变，应该梳洗打扮，衣着整洁、大方、美观，并准时到达原定地点。实在无法如约而至，应该尽早向对方做解释、道歉，甚至亲自登门表示歉意。

宴请很重要的环节就是安排座次：主人应该按照来宾主次安排座位，把主宾位置安排在自己的右手边，次宾安排在左手边，再把三宾和四宾分别安排在右手边和左手边。主人夫人如果参加宴会，应该将其安排在主人对面的位置，方便照顾全局。

宴请语言表达技巧

参加餐会，无论你是主人还是客人，都是展示你个人魅力的大好时机。了解并遵循一些必要的礼仪，注意跟与会人员进行交流，是十分必要的。

1. 入座后姿势端正，脚踏在本人座位下，不可任意伸直，手肘不得靠桌缘或将手放在邻座椅背上。千万别只顾自己，要注意关心别人，尤其要注意招呼身边的女宾、长者、尊者或者年幼者。

2. 口内有食物，应该避免说话。别人在咀嚼食物的时候，应避免跟人说话或者突然敬酒，以免对方尴尬。

3. 如果是客人，还别忘了赞扬一下食物，以表达自己的感谢之意。

4. 餐桌上不要选择悲戚的话题，否则会破坏气氛，也不要选择低级无聊的话题，引起别人的反感。

课堂训练　正确运用宴请语言。

1. 座次安排与引导。

（1）小组成员交流自己出席宴请时别人安排座次的方法，并拟定一个主题，安排小组成员扮演角色，各自就座。

（2）各小组分配好角色，从迎宾、入座、席间交谈到送宾，体验各个环节的礼节和表达技巧。

2. 席间谈话的要求。

请小组成员自拟话题，进行席间交谈，并请记录交谈的大致内容和效果，填写表 3-3。

表 3-3　席间谈话调查表

宴请目的	交谈主题	谈话效果	备　注
答谢朋友			
生日宴请			
同学聚会			
同事聚餐			
商务宴请			
……			

单元四

面试表达与沟通

随着就业压力的增大，面试的重要性日益凸显，而面试口才的好坏，很大程度上决定了面试的成败。在求职交流中，求职口语的运用反映着求职者的成熟程度和综合素质。求职面试口才是一门艺术，它可以教会求职者如何通过灵活运用语言艺术巧妙规避面试中的陷阱，趋利避害，恰如其分地表达出自身的优势，从而和面试者达成有效沟通。

第一节　面试口才艺术

面试交谈常见的问题

很多人对面试口才存在理解上的误区，总认为只要侃侃而谈，有问必答，尽量让对方看到完美的自己。殊不知，口才是一把双刃剑，用得不对，不但不能赢得伯乐赏识，而且可能留下坏印象。

1. 竭力展现完美的自我。求职者往往有一种心理：不能让面试官看到自己任何的不足。比如，在被问及为什么离开前面的单位时，有些应聘者会说“老板不欣赏我”“公司环境不好”等，借此表示不是自己的问题。实际上此类回答反而出卖了自身的“大缺陷”。

2. 在求职过程中不能准确理解对方的意图。主要表现在不能很快理解对方的用人意向，多次请求对方重复；或者是不能准确理解招聘者的言外之意、弦外之音，影响求职的成功率。

3. 不能简明扼要、主题明确地表达自己的思想。面对一些开放性的、自由度较大的、侧重考察求职者素养的问题，求职者回答时往往张口结舌、表达不清。

例如：“你怎样看待工作中的挑战？”40%以上的学员回答“我喜欢有挑战性的工作”，此外就再也不知道说什么了。

4. 求职态度不够端正。言为心声，有什么样的人生观和生活态度，就会在语言上不自觉地有所流露。很多求职者平时自由散漫惯了，不懂得如何使自己的言谈举止得体，如何符合习惯；往往不是内心紧张、言辞含糊、行为拘谨，就是行为冒失、言辞唐突，很难融入当时的气氛和环境。轻则手足无措，闹了不少笑话；重则让对方反感，影响效果。

面试交谈的基本要求

1. 在交谈中，最好使用普通话，少用或不用方言、土语。

2. 声音自然，发音要准确，吐字要清晰。

3. 语速要快慢适中，要根据内容的重要程度、难易程度以及对方注意力等情况调节语速。

4. 音量适中，以让别人听清楚为宜。

5. 语调要高低和谐，高而不聒噪，低而不呜咽。

6. 语句要断续有序，停顿得当。

7. 讲话要情真意切，以便引起听者的兴趣，促使谈话顺利进行下去。

面试关键——确立求职意向

1. 了解自己的职业兴趣所在。兴趣是指一个人积极探究某种事物的心理倾向，是一个人探究某种职业或者从事某种职业活动表现出来的特殊个性倾向。它是个人对某种职业给予优先的注意。一个人能够从事自己喜爱的职业，那是一件很幸福的事情。《圣经》里面有一句话：在合适自己的土地上耕耘是无比幸福的事情。因此，面试之前，应该了解自己的职业兴趣所在。如何弄清楚自己的职业兴趣之所在呢？

职业兴趣的形成往往经过一个发展变化的过程。你是否记得自己小时候的梦想？这些梦想源自你最初的兴趣，后来由于受到家庭、学校、社会的影响，你的兴趣和梦想发生了变化，你开始选择了自己的专业。在学校里，你受到个人专业学习和专业实践活动的影响，个人兴趣也会发生一些变化。进入职场，积累一定的工作经验以后，你的职业兴趣还会发生变化。最终你会保持一个稳定的、切实的职业兴趣，完成你的职业生涯。

职业研究人员曾经把职业兴趣分为与人打交道的高人际型、与事务打交道的高事务型、与资料打交道的高资料型、与观念打交道的高观念型等四种兴趣类型。你通过学习了解了自己的职业兴趣，就会有较强职业选择倾向，定位较准确，可以少走一些弯路。但是如果你现在还不能确切地了解自己的兴趣所在，那么也不必紧张，等你积累一定经验以后，你就能够明确自己的兴趣。

因此，求职应聘的时候，当考官询问你的兴趣爱好时，你可以按照应聘岗位要求做明确的回答，也可以采用宽泛的回答，如："我的兴趣非常广泛，最主要的就是与人打交道。"

2. 认识自己的职业性格。职业性格是指人们在长期特定的职业生活中形成的与职业相联系的比较稳定的心理特征。职业性格的分类方法很多，作为一个求职者，最重要的是了解自己求职意向的岗位要求具有什么样的性格特点，对比一下自己的职业性格，能够清楚看到自己与对应岗位之间相适应以及不相适应的地方，这能促使面试获得成功。

在招聘人员询问你的性格特征时，你可以回答自己的基本性格，比如做事认真、吃苦耐劳、执著坚韧、活泼机敏等，也可以回答你的职业性格，比如"我是一个独立性很强的人，可以独立地开展工作"。

3. 明确自己的职业能力。职业能力是保证人们完成某种职业活动需要的个性心理特征，包括一般职业能力和特殊职业能力。一般职业能力通常表现为语文能力、数学能力、表达能力、交往与合作能力、自我控制能力、适应变化能力、自我反省能力、抗挫折能力、收集处理信息能力、审美能力、创新能力等。特殊职业能力就是你从事职业需要的特殊的能力，如网站制作能力、计算机维护能力、记账能力等。因此，求职之前，如果能够通过职业测试或者自我评价深入了解自己的职业能力，那么求职成功率往往比较高。

招聘考官如何了解你的职业能力呢？如果有条件，他们会让你现场完成一项工作，比如让你推销一种产品，又如让你完成焊接任务，或者让你打字、制作表格。如果条件不允许，他们就会给你假设某个工作场景，让你叙述自己的想法，从中表现出你的职业能力，比如："你的客户对你的服务不满意，当面为难你，你怎么办？""电脑突然关机，很可能是什么原因呢？"回答这一类问题，需要具备一定的技巧，应该提前做好准备。当然，最根本的还是要扎扎实实学好本领，提高个人的职业能力。

4. 了解招聘单位的信息。面试时招聘考官会通过一定的方式具体验证求职者的才能和应对能力，以此来评价求职者是否符合招聘的岗位要求进而决定是否录用。因此，面试前你一定要广泛收集关于招聘单位各方面的资料与信息。有了充分的资料准备，临场发挥才能精彩而出色。

那么，研究招聘单位的什么呢？尽可能了解清楚招聘单位的性质、创立的年代、总公司所在地、经营业绩、行业地位、经营理念、公司规模、发展趋势、公司产品、产品的市场定位和占有率、主要客户、近几年的成长概况，搞清楚它的文化(包括口号和形象)是什么。如果是工厂，该厂产品的注册商标是什么？该单位的发展前景如何？另外，对招聘单位的内部组织、员工福利、一般起薪、工作地点等也应该尽可能了解清楚。只有这样，你才会对该企业有更全面的认识，才可以使面试的话题更深入，对方也会了解你的用心，当然也就对你刮目相看了。

以上资料信息从何处可以获得？你可以查找该企业的原始招聘广告，也可以向父母、朋友、同学或亲戚打听，也可以向在该用人单位工作的熟人咨询，还可以通过电话、新闻报道、广告、杂志等找到。

人物故事

在广州曾经有位学习市场营销专业的本科男毕业生，满怀信心去应聘美国在广州投资兴办的“雅芳”公司的销售人员，他原以为“雅芳”仅仅是这家公司的名称而已，根本不知道“雅芳”是女性化妆品的注册商标。因此，在面试中，当美方主试官问他为何应聘该公司时，他不假思索地回答说：“我喜欢‘雅芳’”。结果弄得严肃的主试官忍俊不禁，问道：“是您自己用吗？”“那当然！”该毕业生就因这么一句答语而败北。试想，一个对其产品一无所知的人，怎么可能会被录取呢？

课堂训练 找到你心仪的职业。

通过自我了解和网络搜索结果分析，跟与自己兴趣接近的人组成一个小组，进行讨论，找到自己与求职意向之间的差距，并寻找应对的办法，请填写表 4-1 和表 4-2。

表 4-1 心仪职业分析与自我完善措施表

你的心仪职业	职业要求	你与职业要求的差距	完善自我的措施
1.		性格差距： 能力差距：	
2.		性格差距： 能力差距：	
3.		性格差距： 能力差距：	

表 4-2　心仪职业分析与自我完善措施小组汇总表

小组：

1. 心仪职业：
2. 职业要求：
3. 与职业要求的差距：
4. 性格差距：
5. 能力差距：
6. 完善自我的措施：

第二节　面试中的自我介绍

面试重点——自我介绍

自我介绍是向招聘单位展示自己的一个重要手段。自我介绍好不好，直接关系到给招聘单位的第一印象。作为一名职场新手，最好能多参加一些团队的模拟面试，或者多到网上投简历，直接参加一些公司的面试，积累面试经验。

1. 接到面试通知后，最好事先围绕着求职意向进行自我介绍的准备，然后试着背诵几次，感觉一下。

2. 自我介绍时首先应礼貌地做一个极简短的开场白，比如："你们好！我是某某学校某某专业的毕业生某某。"并向所有的面试人员(如果有多个面试考官的话)示意。如果面试考官正在注意别的东西，可以稍微等一下，等他注意力集中时才开始。在规定的时间内完成自我介绍，最好不要超时，但也不能太简短。

3. 一两分钟的自我介绍，犹如商品广告，在短短时间内，针对"客户"的需要，将自己最美好的一面，毫无保留地表现出来，不仅要令对方留下深刻的印象，还要即时引发起"购买欲"。面试考官最希望

通过面试找到公司需要的人才，因此，他们首先想知道你能带给公司什么好处。由于你的姓名、工作经历和工作时间等内容在你的简历表上已经写得很清楚了，所以自我介绍的时候不必重复这些内容了，应该多谈一些跟你求职意向有关的工作经历和取得的成绩，以证明你确实有能力胜任应聘的职位。最理想的办法就是能够“展示”过去的成就。如你曾经参加学校网页设计比赛或者文字录入等比赛，获得了奖项或赞扬。

4. 在自我介绍中，必须留意自己在各方面的表现，切忌以背诵朗读的口吻介绍自己。最好事前找些学员一起进行训练，尽量令你的语言自然流畅，充满自信。

5. 自我介绍时，身体语言也是重要的一环，尤其是眼神接触。最好跟面试考官进行眼神上的交流，但不能目不转睛地注视着对方，应该注视对方肩以上的部位。不需要太多的手势，应保持正式场合中的坐姿。

6. 一两分钟的自我介绍往往是为了一次更深入的面谈做铺垫的，因此，在自我介绍完毕后不要忘了说：“谢谢!”

大胆突出个人优势

你拥有众多的成绩或者优势，但你只有短短的一两分钟，不可能面面俱到。应该选择与应聘公司和应聘岗位有关的内容。如果是一间电脑软件公司，应该说电脑软件方面的话题；如果应聘会计员，那你就跟对方谈账务管理方面的事情；如果是机械操作方面的职位，那你就一定要表明你的操作技能强。总之，你必须投其所好。

至于先说什么，后说什么，应该事先做安排和调整。先说的，应该是你最想让别人记得的事情。当然，自我介绍里的内容必须都是必要的，一定要避免讲废话、空话。

课堂训练 把握面试中的自我介绍。

1. 两位学员为一组进行角色扮演，一人扮演招聘者，一人扮演求职者，相互轮换。

2. 各自准备一个 1～2 分钟的自我介绍。

3. 各自根据对方的自我介绍以及所搜集的资料选定向“求职者”提问的问题。

4. “招聘者”向“求职者”说：“请介绍一下你自己。”建议“求职者”回答时要包括以下内容：

(1) 你的职业生涯目标或兴趣。

(2) 你的各种技能。

(3) 你的能力倾向。

(4) 你的成就和资历。

(5) 你的工作价值观。

(6) 你所受的教育(最近的)。

(7) 你的经历(与求职目标相关的)。

你不一定要按照这样的顺序来介绍你自己，但要努力在一两分钟的介绍中把各个方面都介绍清楚。在做这个练习的时候，你的介绍时间要控制在不少于两分钟，但不超过3分钟。

5. 讲述自己的简介后，请你问一问“招聘者”这样几个问题：

(1) 我的自我介绍是否有吸引力？

(2) 我的自我介绍能令人信服吗？

(3) 我的自我介绍突出了我的个人优点和特长了吗？

(4) 自我介绍中的内容还有什么需要补充的？

(5) 我有没有展示出个性，使个人形象鲜明？

(6) 我的口语表达有没有可以改善的地方？

(7) 如何使我的自我介绍变得更好？

课堂训练 调查面试问题及应对方法。

请采访自己身边的师兄师姐、朋友、家人或老师，向他们了解关于求职面试的经历及应该注意的问题，并将这些问题整理出来，寻找应对办法，填入表4-3。

表4-3 面试问题及应对方法调查表

采访对象基本情况	面试问题	应对的办法
姓名： 工作状况：	① ② ③	① ② ③
姓名： 工作状况：	① ② ③	① ② ③
姓名： 工作状况：	① ② ③	① ② ③

第三节 面试经典问答技巧

关于你本人的问题

1. 请你自我介绍一下。

这是面试的必考题目。事先你最好以文字的形式写好背熟，其内容应该跟个人的简历内容一致，表述方式上尽量口语化，切中要害，不谈无关、无用的内容。表述要条理清晰，层次分明。

自我介绍的基本内容包含三个方面："你是谁"，"你今天来干什么"，"你应聘的优势"。在介绍你的应聘优势是应该把重点放在你的工作业绩、专业水准、特殊技能以及潜在的能力和发展方向上。为了谈话的真实性，你可以举一些实际的例子，围绕着你准备应聘的工作，谈谈你自己的设想等。没有工作经验，没关系，可以说说自己间接的专业经验和经历。

2. 谈谈你的家庭情况。

招聘人员希望通过这个问题了解应聘者的性格、观念、心态等，如果只是简单地罗列家庭人口，就失去了意义。介绍家庭成员，还应该强调温馨和睦的家庭氛围，强调父母对自己教育的重视程度，强调家人对自己工作的支持，强调自己对家庭的责任感等。

3. 你有什么业余爱好？

业余爱好能在一定程度上反映应聘者的性格、观念、心态，因此最好不要说自己没有业余爱好，也不要说自己有那些庸俗的、令人感觉不好的爱好。最好不要说自己仅限于读书、听音乐、上网等，否则可能令面试官怀疑你是个性格孤僻的人，最好能有一些户外的业余爱好来加强面试官对你的印象。

4. 你最崇拜谁？

最崇拜的人能在一定程度上反映应聘者的性格、观念、心态，因此别说最崇拜自己或者谁也不崇拜之类的话，更不能说崇拜一个虚幻的或是不知名的人，不宜说崇拜一个明显具有负面形象的人。如果能把崇拜的人与自己应聘的岗位工作联系起来，效果会更好。另外，最好说出自己崇拜的人的哪些品质、哪些思想感染自己、鼓舞自己。

5. 你的座右铭是什么？

座右铭能在一定程度上反映应聘者的性格、观念、心态。因此，不要说那些容易引起不好联想或者抽象难懂的座右铭，也不要说太长的座右铭，最好短小精悍，能反映出自己的某种优秀品质。

6. 谈一谈你的一次失败经历。

这是关于表达和分析问题能力的反映。一般不宜说自己没有失败的经历，不宜把那些明显的成功说成是失败，不宜说出严重影响所应聘工作的失败经历。所谈经历的结果应是失败的，但应该说明失败之前自己曾信心百倍、尽心尽力，说明仅仅是外在客观原因导致失败，失败后自己很快振作起来，以更加饱满的热情面对以后的工作。

7. 你为什么选择现在的专业？

这是关于学习动机的问题，千万不要说"不知道""没办法"等回答，否则很容易让人感到你是个对自己的选择不负责任的人。建议你从兴趣着手，让人联系到“热爱专业”，也可以从专业前景着手，让人觉得有前瞻性。

8. 在校期间最难忘的事。

这是关于你在学校生活的问题。不要吝啬语言，可用描述性语言，但要注意语言的简洁性。先简单说结果，再说原因，此“难忘”的事情应具体联系到职业、人生，可从小事中升华，往往能够打动面试官。

9. 你最大的成就是什么？

这个问题测试你的总结能力与价值观，你问答时要透露出自己的判断标准和崇尚的观点，千万不要空泛，应该找出自己经历中的亮点作为事例讲给面试官听。如：“我觉得在学校最大的收获是结交了很多非常好的朋友，建立了非常好的人际关系。”“我最大的收获就是成长了很多，我当班干部，体验到为别人服务的快乐。”

10. 谈谈打工的经历及感受。

关于社会经验及人生阅历的问题，千万不要用“流水账”的语句来表述，一般要简明扼要介绍工作性质和内容，再重点介绍一下自己感悟和收获。个人感受应从技能提升、社会阅历积累、人生感悟等方面着手，如：“我曾经多次派传单，这个经历让我学会了沟通，锻炼了我的胆量。”

11. 你从前一家公司离职的原因是什么？

一定要避免把“离职的原因”说得太详细、太具体，更不能掺杂主观的负面感受，如“那家公司没前途”“人际关系复杂”“管理太混乱”“公司不重视人才”“公司不重视员工发展”“某某主管排挤我”等，也不能躲闪、回避，如“想换换环境”“个人原因”等。当然，最好不要涉及自己负面的人格特征，如不诚实、懒惰、缺乏责任感、不随和等。

12. 说说你最大的优缺点。

这个问题面试官问的概率很大，而且通常不希望听到求职者直接回答自己的缺点是什么。如果直接说自己小心眼、爱忌妒人、非常懒、脾气大、工作效率低，面试官肯定不会录用你。因此，建议你从自己的优点说起，中间加一些小缺点，最后再把问题转回到优点上，突出优点的部分。面试官其实喜欢聪明的求职者。

有关工作和用人单位的问题

1. 你为什么选择我们公司？

面试官试图希望从这个问题中了解你求职的动机、愿望以及对此项工作的态度。建议你从行业、企业和岗位这三个角度来回答。如：“我十分看好贵公司所在的行业，我认为贵公司十分重视人才，而且这项工作很适合我，相信自己一定能做好。”

2. 对这项工作，你有哪些可预见的困难？

这个问题主要用于考察面试者对工作的了解程度，最好不要直接说出具体的困难，否则可能令对方怀疑你的能力。建议采取迂回战术,说明自己对困难持有的态度。如:“工作中出现一些困难是正常的,也是难免的,但是只要有坚忍不拔的毅力、良好的合作精神以及事前周密而充分的准备,任何困难都是可以克服的。”

3. 如果你被录用,你将怎样开展工作?

这个问题在很大程度上是考察你的职业稳定度。请你谈谈关于职业生涯规划的问题,千万不要停留在“我会好好工作”等表面语句上,应详细地告之好好工作的具体措施,也可从基础工作、实践经验、培训及学习计划着手与面试官进行交流。

如果你对应聘的职位缺乏足够的了解,最好不要直接说出自己开展工作的具体办法,可以尝试采用迂回战术来回答这个问题,如:“首先听取领导的指示和要求,然后就有关情况进行了解和熟悉,接下来制定一份近期的工作计划并报领导批准,最后根据计划开展工作。”

4. 与上级意见不一致时,你将怎么办?

这个问题可以检测你的职场人际交往能力。你可以这样回答:“我会给上级以必要的解释和提醒,在这种情况下,我会服从上级的意见。”如果面试你的是总经理,而你应聘的职位另有一位经理,且这位经理当时不在场,可以这样回答:“对于非原则性问题,我会服从上级的意见,对于涉及公司利益的重大问题,我希望能向更高层领导反映问题,进行必要的沟通。”

5. 我们为什么要聘用你?你能为公司带来什么效益?

这是一个测试沉静与自信的问题。你事先应该做好工作分析与职业胜任的调查与分析,并能站在招聘单位的角度来回答这些问题,从用人单位的招聘条件进行分析,表明自己的能力和责任感,以及良好的适应能力、学习能力以及合作能力等,表明自己的个人意愿。最好能够简短、有礼貌地回答:“我能做好我要做的事情。”“我相信自己,我想得到这份工作。”尽量显得自信而沉着,并配合自信的目光与微笑。

6. 你为什么要选择我这个公司?

这是一个就业动机的问题。面试官希望通过应聘者的回答了解自身公司有哪些优势,测试应聘者对一项工作的准备能力和自我表达能力。请你组织几个原因,最好是简短而切合实际的,如:“相信公司能给我提供一个稳定的、愉快的工作环境和施展才能的发展空间。”“我对公司做了一些了解,公司拥有较为先进的管理体制,年轻人有很大的提升空间。”

7. 你是应届毕业生,缺乏经验,如何能胜任这项工作?

如果招聘单位对应届毕业生的应聘者提出这个问题,说明招聘单位并不真正在乎面试者是否具备直接的工作经验,最主要的是想了解面试者的间接工作经验,如在学校担任班干部、参加社团活动或者社会实践活动等方面的经历。

8. 你希望与什么样的上级共事?

通过应聘者对上级的“希望”可以判断出应聘者对自我要求的意识,这既是一个陷阱,又是一次机会。因此，最好不要对上级提出具体的要求，多表达对自己的要求。如："作为刚步入社会的新人，我应该多要求自己尽快熟悉环境，适应环境，而不应该对环境提出什么要求，只要能发挥我的专长就可以了。"

9. 你希望自己每月的薪水是多少？

如果你要求的薪水太低，那就贬低了自己的能力；如果要求太高，公司无法接受，他们会考虑拒绝你。面试之前，应该了解自己从事工作的合理的市场价值，认真回答这个问题："根据我的了解，这个职位的行情大概是……"这样回答有一定的回旋余地。

10. 还有什么想了解的？

这是面试过程中的一个拐点，相当于"换发球"，面试官把发话的机会让给你。这时候千万不要说"没有了"，更不能问"到底我工资有多少"等问题，应该抓住这个机会，把自己放在公司新员工的角度，询问公司的详细业务情况，如："公司是否进行新员工培训？""我应该做哪些准备工作？"

人物故事

毕业生小青是个优秀的学生，但她面试了好几次，都不成功。她找到职业指导老师，沮丧地对老师说："我内心有很多话想表达，但是一紧张，脑袋就变得一片空白了。老师，我该怎么办啊？"

职业指导老师问："你可以跟我说说，面试为什么会失败呢？"

小青小声说："在面试的时候，我只要站在面试人员的面前，就会表现得很失常，精神高度紧张，头脑一片空白，遇到考官的提问，不知道怎么回答。有一次，我太紧张了，连自己名字都说错了，看到考官莫名其妙的样子，我恨不得地上有个洞，马上钻进去。真的，我太失败了。"

一说到自己的面试，小青就说："我太失败了。"她一味地感受着失败这个结果，对失败的原因，小青似乎并不急于了解。因此，老师试图引导小青思考这个问题："几次面试遭遇失败，对自己有些失望，这是可以理解的。不过，每一次面试失败的原因不尽相同，你做过总结吗？"

"每一次都因为紧张。"

"每一次面试官的问题都一样吗？你能够顺利进行自我介绍吗？"

"职业指导课程中，我做过训练。我的书面材料很详细，就是说话不行。"

"跟自己熟悉的人，能够顺畅交流吗？"

"没有问题。"

"那你先做个自我介绍吧。"

小青的专业知识扎实，性格沉稳，工作细致，记账、核算等业务考核均为优秀。小青的优势很大，只是她个人缺乏信心而已。这种类型的人一旦成功面试，大都能安心工作，踏实肯干，任劳任怨，合作意识、协作能力很强。在职业指导老师面前，小青能够流畅地做自我介绍。

职业指导老师给小青布置了一个访谈训练作业：请采访自己身边的师兄师姐、同学、朋友、家人或老师，向他们了解关于求职面试的经历和应该注意的问题，并将这些问题整理出来，寻找应对的办法。职业指导老师还指导小青进行一对一训练，几次训练下来，小青的情况得到改善。

一周后，小青接到一家公司的面试通知，面试的前一天，她依然无法完全摆脱紧张情绪，她再次找到老师，希望老师给她提一些建议。老师笑着对她说："感到紧张属于正常现象，做做深呼吸放松。如果还觉得紧张，在自我介绍的时候，你就直接告诉面试官，你性格胆小，但做事细致、谨慎、善于合作，很适合从事财务工作。好吧？"

小青也笑起来，回答说："好的，我会努力的。"一个星期后，小青成功应聘一家化妆品有限公司的财务文员一职，目前工作状况良好。

课堂训练　测一测你的面试能力。

请你判断下面各组问题中所列出的表现是否正确，并简要说明原因。把你的意见填在相应问题后面的括号内。若有不正确的，注意加以纠正，以便增强自己求职面试的信心。

第一组　在准备第一次到某公司求职面试时你会：

A. 擦亮你的皮鞋，准时出现在那儿。（　　）

B. 有自信，认为把自己的简历给考官看就行了，不必做自我介绍。（　　）

C. 面试前对这家公司的有关情况做了一些调查研究。（　　）

D. 穿戴得体的服饰。（　　）

第二组　在到达面试现场时，下面哪些表现会使考官不快：

A. 迟到。（　　）

B. 随意地握手。（　　）

C. 友好的目光接触。（　　）

D. 犹豫不决的态度。（　　）

第三组　当你面对面试考官时，你会：

A. 不仔细听考官的提问。（　　）

B. 坦诚并力图表现出主动。（　　）

C. 嚼口香糖、吃零食、吸烟(哪怕是对方提供的)。（　　）

D. 看着自己放在膝盖上的双手。（　　）

第四组　下面哪种表现没有作用，请选择其中的一种：

A. 适应面试场所的气氛。（　　）

B. 倾听考官的问话。(　　)

C. 用心探求求职经验。(　　)

D. 以强硬态度对待面试。(　　)

第五组　你要求从事的职位对你来说是全新的,所以你会问考官:

A. 什么时候开始工作。(　　)

B. 同考官谈谈如何用你的工作经验来适应这些全新的任务。(　　)

C. 提出如果你得到这个职位,你会为何种问题而担心。　(　　)

D. 询问考官是否认为你能胜任这个职位。　(　　)

第六组　你的考官对你谈得很多,好像他们已掌握你的有关情况,你会:

A. 希望考官再阅读一下你的简历。(　　)

B. 希望用考官的表述来引出你的经验和学识技能水平。(　　)

C. 打断考官的谈话,以提供有关你的信息。(　　)

D. 不顾考官唠叨,尽快离开考场。(　　)

第七组　当面试结束时,你会:

A. 拒绝离去,除非考官告知结果。(　　)

B. 一声不哼,然后扬长而去。(　　)

C. 询问考官自己是否可以得到职位。(　　)

D. 相信自己的实力,愉快地离开面试场所。(　　)

好书推介

柳青的《有效沟通技巧》一书,通过对最新沟通理论的系统总结以及对众多成功人士的深入研究,提炼出一套高效的沟通技巧。在阅读本书的过程中,你将接受系统的沟通技能训练,通过专家的言传身教领悟沟通秘诀,成为一个好的沟通者,为在今后的职业生涯中取得辉煌业绩奠定坚实基础。

单元五

巧妙的销售语言

在大众创业、万众创新的时代，每一个人都有必要学习如何与人良好沟通，学习如何推销自己，学习如何推销自己的产品和服务。在进行销售语言训练之前，你还需要学习一些市场营销方面的知识，如客户需求和客户的个性特点，产品与项目开发设计，市场分析与营销策略等。有了市场营销基本知识的支撑，加上推销语言训练，你很快就能成为一名出色的推销员。

第一节　销售语言的特点

销售语言的基本要求

1. 要求亲切。销售时，说话声音要轻，声调柔和，吐字清晰，语言规范有礼貌，容易让顾客有宾至如归的感觉，具有很强的促销效果。

2. 要求朴实。销售语言一定要大众化、口语化，不使用那些文绉绉的生硬的词语。如果能够了解方言土语并加以运用，销售效果更好。

3. 要求准确。服务语言需要用词恰当，简洁明了。介绍商品的用词必须准确，千万别用那些“大概”“可能”“好像”之类的含糊不清的词语。

4. 要求简练。销售语言一定要简明扼要，善于抓住要点，突出重点，让顾客一听就明白，愿意购买你的商品，千万别长篇大论，尤其是顾客产生不耐烦情绪的时候，千万不要“穷追不舍，死缠烂打”。

5. 要求文明。销售必须使用健康文明、庄重文雅的词语，坚决杜绝粗俗无聊、挖苦讥讽顾客的用语。

6. 最重要的要求即真诚。销售的态度要诚恳，商品要真实可靠，通过语言表达出真诚服务的良好心态和高效的服务质量。

服务语言的运用技巧

1. 善用服务礼貌用语。营销人员与顾客之间并非单纯的买卖关系，更应该是服务与被服务的关系，除了提供商品，我们还需要提供最优质的服务。因此，营销人员需要富有感情地大量使用礼貌用语，如“您好”“请”“谢谢”“对不起”“再见”等。

2. 善于接纳顾客的意见。消费者往往喜欢在购买过程中提出意见和看法，营销人员千万不要一味地否定这些意见和看法，不妨虚心地接纳。一般情况下，“顺接”的效果比“逆接”效果要好，即表示赞同和感谢比一味解释或争辩，效果要好得多。

3. 恰到好处，点到为止。服务语言要求清楚、亲切、准确、简洁，千万不要像演讲那样滔滔不绝，令人生厌。

4. 有声、轻声、清晰。服务过程中必须运用有声语言进行问候、介绍、迎送等。没有声音的服务，完全失去吸引力。有声但不能大声，要轻声说话、轻声走动、轻声操作，给顾客保留一个宁静的环境。说话要清晰明了，如能使用多种语言（除了普通话以外，还应该会说方言、外语），服务的效果往往更好。

人物故事

乔·吉拉德，1928 年 11 月 1 日出生于美国底特律市的一个贫民家庭。9 岁时，乔·吉拉德开始给人擦鞋、送报，赚钱补贴家用。乔·吉拉德 16 岁就离开了学校，成了一名锅炉工，并在那里染上了严重的气喘病。后来他成为一位建筑师，到 1963 年 1 月为止，盖了 13 年房子。35 岁以前，乔·吉拉德是个失败者，他患有相当严重的口吃，换过 40 个工作仍一事无成，甚至曾经当过小偷，开过赌场。35 岁那年，乔·吉拉德破产了，负债高达 6 万美元。为了生存下去，他走进了一家汽车经销店。3 年之后，他以年销售1 425辆汽车的成绩，打破了汽车销售的吉尼斯世界纪录。这个人在15年的汽车推销生涯中总共卖出了13 001辆汽车，平均每天销售6辆，而且全部是一对一销售给个人的。他因此创造了吉尼斯汽车销售的世界纪录，获得了“世界上最伟大推销员”的称号。

因为有严重口吃，让得靠嘴谋生的乔·吉拉德特地放慢说话速度，比谁都更注意聆听客户的需求与问题。没有任何人脉关系，吉拉德靠着一个电话、一支笔，顺手撕下来的4页电话簿作为客户名单，去拓展自己的客源，逐一打电话进行访问。只要有人接电话，他就会记录下对方的职业、嗜好、买车需求等生活细节。虽然吃了无数个闭门羹，但多少有些收获。曾有人在电话中用半年后才想买车的理由打发他，半年后，吉拉德居然提前打电话给这位客户，他的真诚和执着感动了这位客户。吉拉德靠着自己的努力，掌握客户未来的需求，以紧迫盯人的黏人功夫，终于取得辉煌的销售业绩。

课堂训练　服务用语应用技巧。

1. 请大声地、清晰地表达以下礼貌用语。比一比，看谁说的效果最好。

您来了！

您好！

很高兴为您服务！

您需要些什么？

很愿意为您服务，我能为您做点什么吗？

欢迎光临！

欢迎再来！

您慢走！

2. 请给每一位成员做出评价，填入表5-1。

表5-1　模拟销售评价记录表

姓　名	销售态度 （主动、热情、友好、真诚）	表达技巧 （尊重、简洁、针对性强）	销售效果 （灵活、有效）

第二节　销售语言运用技巧

遵循FAB产品介绍原则

FAB原则是国际上流行的一种介绍商品的营销技巧。FAB就是特点(feature)、优点

(advantage)、利益(benefit)的合称。这种原则要求我们向消费者介绍商品的时候应该首先说明商品的特点,再解释其优点,最后跟消费者介绍利益,也就是说消费者购买商品的意义何在。请大家训练的时候选择一些自己熟悉或者感兴趣的商品,了解其特点,熟练掌握该商品跟同类商品比较所具有的独特优点,介绍该商品可能带来的好处等。

人物故事

史密斯先生在美国亚特兰大经营一家汽车修理厂,同时还是一位十分有名的二手车推销员,在亚特兰大奥运会期间,他总是亲自驾车去拜访想临时买部廉价二手车开一开的顾客。他总是对顾客这样说:“这部车我已经全面维修好了,您试试性能如何?如果还有不满意的地方,我会为您修好。”然后请顾客开几公里,再问道:“怎么样?有什么地方不对劲吗?”

“我想方向盘可能有些松动。”

“您真高明。我也注意到这个问题,还有没有其他意见?”

“引擎很不错,离合器没有问题。”

“真了不起,看来您的确是行家。”

这时,顾客便会问他:“史密斯先生,这部车子要卖多少?”

他总是微笑着回答:“您已经试过了,一定清楚它值多少钱。”

若这时生意还没有谈妥,史密斯先生会怂恿顾客继续一边开车一边进行沟通。在沟通过程中,他巧妙地向顾客介绍商品的特点和优点,最后跟消费者介绍利益。如此下来,史密斯先生的每一笔生意都能顺利成交。

课堂训练 推销语言运用技巧。

两人一组,分别扮演推销人员和顾客,根据以下推销内容和方法进行训练。

1. 推销“提醒法”。提请消费者注意某个时间、事情。

“您看,这是一种智力玩具。今天是儿童节,不买一件回家吗?”

“您好!今天我们搞促销活动,全场商品打折,您看需要什么?”

“先生,您好!外出旅行,如果能够带一件特别的礼物送给家人,他们一定非常高兴。”

2. 推销“介绍法”。对不熟悉商品的顾客做详细介绍。

“这是我们这里的特产,远近闻名。您出差来一趟不容易,带点给家人吧!”

“这是专门针对老年人而设计的按摩器。您一定很有孝心,买一份送给父母吧!”

“对不起,您说的那个品牌的卫生巾我们暂时没有,有另外的一种,非常不错,您不想试一试吗?”

3. 推销“分析法”。恰当分析顾客的特点。

“您身材较高大,穿这件衣服太紧了,颜色也老气一些。您看那件,怎么样?”

“您的气质非常好，穿上这件衣服，再佩戴这首饰，非常得体。”

“这是变频空调，可以节约用电50%左右，目前比较受欢迎。”

“这款手机功能比较新，很受年轻人喜爱。”

4. 推销“鼓动法”。

抓住顾客的从众心理，在销售日用品的时候，不妨多吆喝几句：“快来呀，快来呀，晚了就没了！”可以激发顾客的购买欲望。

合理处理销售服务争议

1. 异议处理法则——转折法“是、但是”。

顾客：“我一直想买掌上电脑，但听说很难使用，我的一个朋友到现在都没彻底搞明白。”

销售员：“是的，您说得很对，很多人对掌上电脑的功能都不是很清楚，但是，商务通的设计是与众不同的，我们的说明书会具体教您怎么使用，而且机体内部有指导键，它会随时帮助您如何使用。如果还不能解决，我们可以派人上门指导，这样您放心了吧！”

这里的“转折法”可以让顾客心情愉快地接受你的观点，改变对商品的误解。

2. 异议处理法则——高视角全方位法。

销售员：“商务通记事容量很大，能容纳50万汉字。”

顾客：“容量是很大，但很容易丢失资料。”

销售员：“您说的是低价格产品，需要有备用电池，以防换电池时丢失资料。现在的商务通采用的是快闪内存技术，任何情况下都不会丢失资料的。”

3. 异议处理法则——合理拒绝。

顾客：“我前天在这里买的电饭煲，今天用起来有问题。开关灯不亮了。”

销售员：“您先别着急，我帮您检查一下，请您稍等！”

顾客：“你们这里可以退货的吧？我才买了两天就出问题了。”

销售员：“我也很遗憾，我们的产品三年保修，但不能退货。真对不起了。”

顾客：“你帮我换一个，反正没有人知道的。”

销售员：“这样会违反我们的规定，希望您理解并支持我们！”

把握销售沟通技巧

1. 快速拉近与顾客之间的距离。

“我觉得您很亲切！”

“您看上去特别精神！”

“和您交流我感觉非常好！”

2. 了解顾客购买需求。

“今天想了解什么产品呢?”(不应该问:“想买什么产品?”)

“您理想的产品大概是什么样子的?”

“感谢您选择我们的产品,您对哪一方面最为重视呢?”

3. 耐心介绍产品特点。

“根据您的情况来看,我真诚地向您推荐这款产品……”

“这款产品最大的特点是……”

“这款产品可以带给您几大好处:第一是……;第二是……;第三是……”

4. 积极促进买卖成交。

“您这么喜欢,现在就确定下来吧!”

“现在确定下来是最好的机会……”

“不要犹豫了,现在做活动,特别优惠,我帮您下单吧!”

5. 积极推广销售效果。

“恭喜您选择到一套特别适合您的产品!”

“在使用过程中如果遇到什么问题,您可以随时联系我们! 我也会打电话了解您的使用情况的。”

“请您记得一定要帮我推荐一些朋友过来哦! 非常感谢您!”

课堂训练 销售沟通技巧训练。

模拟销售:你向顾客推销一款男士真皮钱包,开价 188 元,不降价。现在这位顾客嫌价格太贵,你该如何继续推销下去?

1. 小组讨论销售技巧,设计最佳方案,设计好对话。

2. 每个人演示一次,一人扮演销售员,一人或两人扮演顾客,其他成员观摩并做好评价记录。

3. 请根据小组成员的爱好和需求,组织跳蚤市场,评选最受欢迎的商品和最佳销售员。

好书推介

郭鹏在人际公关和演讲口才方面有丰富的经验,他的《好口才是练出来的》成为口才训练者小助手。本书分为上下篇。上篇介绍了好口才的基本思路和注意事项,这些即为“口才情商”。下篇则帮助读者重点学习口才在职场、销售、生活、管理等各个层面的实战技巧。每一小节都设置了相应的情景训练内容。本书还介绍了 15 项“成功金口才”的训练方法,这些方法可操作性很强。

单元六

睿智精妙的谈判语言

实际上，商务谈判不是谁把谁打败了、谁最终做出让步，或者说谈判的结果绝不是令各方不欢而散，从此不再合作、不再往来，而应该是通过谈判，最终令各方满意，即使不能令各方满意，至少不能伤害彼此之间的商务关系。从商务角度来看，谈判应使得谈判各方都得到商务方面的发展机会。为此，我们在进行谈判训练的过程中，依然需要用这种双赢或者多赢的标准衡量谈判的效果。这种效果需要至少产生以下三个结果：(1) 努力达成一个明智的协议，协议的核心特点就是双赢。商务谈判最终结果应该是满足商务谈判各方的合法利益，能够公平地解决商务谈判各方的利益冲突，而且要考虑到符合公众利益等，而不是一方把另一方打败或者一方欺骗了另一方而达成的不平等的协议。(2) 采用高效率的谈判方式。商务谈判采取的方式应该有助于促进谈判各方获得更多的商业信息和商业发展机会，而不是做无谓争辩，消耗时间和精力，令大家疲惫不堪，最终无功而返。(3) 通过谈判，改进或至少不会伤害各方的关系。商务谈判的最终结果是要取得商业利益，但这种利益的取得不应该以破坏或伤害商务谈判各方的关系为代价。我们应该立足于"为改善各方关系而谈判"，就算是不能做到改进，至少做到不相互伤害。

第一节　谈判各环节的语言要求

商务谈判的基本原则

1. 平等原则。商务谈判双方的法律地位是完全平等的，都具有独立法人资格。因此，谈判需要通过平等协商的态度解决问题，不能违背任何一方的意愿，不能将自己的意愿强加给对方。

2. 互利原则。商务谈判的结果可能是：我赢你输、你赢我输、你输我也输、你赢我也赢，最佳的状态当然是双赢结果。因此，交易双方在经济利益上应该互利互惠。

3. 合法原则。凡是违反社会公共利益的协议，或者通过强迫命令、欺诈、胁迫等手段签订的合同，都属于无效合同。商务谈判必须遵循合法化原则，需要采用合法化语言和程序订立合法的合同。

4. 信用原则。信用是诚信无欺的职业道德，也是双方交往的感情基础，商务谈判人员应该坚持信用原则，实事求是，言行一致，取信于人。

注重商务谈判细节

1. 待客热情，创造良好的开局，创造良好的谈话气氛。通常情况下，作为主谈判方，最重要的是做好接待工作，布置好谈判场景。主客方相见，需要彼此寒暄，以缩短双方的感情距离，为谈判的深入打下良好的基础。

2. 谈判的双方虽然是对手，但又是合作伙伴。因此，彼此应该诚恳谦恭，尊重为本。谈判过程中，需要有理、有力、有节。

3. 谈判需要用大家熟悉的语言围绕着谈判议题进行。无关的话题最好不要多说，以免离题万里，浪费宝贵的时间和精力。

4. 在谈判的过程中，礼貌地引导谈判按照预期的目的进行。双方对谈判存在异议，可以稍做休息，及时调整谈判的方向，维持谈判的良好气氛。

5. 以平等的态度待人，切忌高谈阔论，吹嘘自己，注意察言观色，注意对方的反应，及时缓和谈判的气氛。

慎选谈判人员

谈判人员的选择是谈判成功的关键所在。根据谈判的规模，谈判可分为一对一的个体谈判和多人参加的集体谈判。个体谈判时，应该选择那些可以随时根据谈判桌上的变化做出及时果断的判断的人承担谈判任务。内容复杂的谈判必须由一个谈判班子组成，但谈判人数的多少没有统一的标准，谈判的具体内容、性质、规模以及谈判人员的知识、经验、能力不同，谈判班子和规模也不同。实践表明，直接上谈判桌的人不宜多、杂。如果谈判涉及的内容较广泛、较复杂，需要征得各方面的专业人员的意见，则可以把谈判人员分为两个部分：一部分主要从事背景材料的准备，人数可适当多一些；另一部分直接上谈判桌，这部分人数与对方相当为宜。在谈判中应注意避免对方出场人数很少而我方人数很多的情况。

人物故事

罗杰·道森是举世公认的全球第一商业谈判大师，是“优势谈判”“有效说服”“自信决策”等经典谈判理论的创始人。他著的《优势谈判》和《绝对成交》成为众多企业总裁和职业经理人人手一册的谈判“圣经”，特别是他的代表作《优势谈判》在全球发行量超过 1 200 万册，翻译成法文、中文、日文、西班牙文、阿拉伯文等 38 种语言，连续 30 周雄踞《纽约时报》畅销书排行榜榜首，被普林斯顿大学、耶鲁大学、哈佛大学等美国名校指定为必读书。

罗杰·道森本人还是个实业大亨，他拥有雄厚的商业背景，曾涉足地产、教育、休闲服务等产业。20世纪80年代受聘于加利福尼亚州最大地产公司，出任其总裁，执掌期间把公司业务拓展至加州以外，在全美拥有数十个地产项目，年营业额提升到4.5亿美元以上，建立了28家分公司，雇用的员工超过1 000人。

了解你的谈判对手

了解谈判对手是商务谈判非常关键的环节，对接下来的“打开良好的谈判局面”等环节起到非常重要的作用。

谈判前，有必要对谈判对手的人员结构和人员特点、主要谈判手的特点和习惯等情况了解清楚。在谈判过程中，千万不要自顾自地表现自己。你需要对对方的行为、心理、性格等方面的因素进行仔细的观察，细心观察，巧妙提问（精心设计一些问题，适时地发问），注意倾听，归纳整理，最后了解对方的真实意图，争取取得谈判的主动权。

人物故事

在国际商务谈判桌上，我国一位女副总理吴仪以她的机智、干练和强硬，赢得“中国铁娘子”的美誉。1991年，中美进行知识产权谈判。一开场，参与商务谈判的美国人态度非常嚣张，轻蔑地说道：“我们是在和小偷谈判。”

吴仪立即予以反击，笑着回答：“我们是在和强盗谈判。请看你们博物馆里的展品，有多少是从中国抢来的？”

打开良好的谈判局面

谈判开局阶段，即双方谈判人员见面入座，开始交谈，到话题进入实质性内容之前。这个时候往往需要一个过渡，有经验的谈判人员会选择一些中性话题开场，比如天气、个人状况、热门话题等。平时多关注，在关键的时候可以随机应变加以使用。

谈天气：“你们一路辛苦了。这里天气比较热，可以适应吧？”

谈个人状况：“前几年咱们在成都见过，这几年还好吧？”

谈热门话题：“最近广州降雨太多，菜价飙升。你们上海菜价怎么样？”

也可以直截了当地表达自己谈判的真实意图：“我详细地分析了我们这次合作的资料。您看，我们现在就按照议程一项一项地进行谈判，好吗？”

人物故事

日本一家著名的汽车公司在美国刚刚“登陆”时，急需找一家美国代理商来为其销售产品，以弥补他们不了解美国市场的缺陷。当日本汽车公司准备与美国的一家公司就此问题进行谈判时，日本公司的谈判代表路上堵车迟到了。美国公司的代表抓住这件事紧紧不放，想要以此为手段获取更多的优惠条件。日本公司的代表发现无路可退，于是站起来十分坚定地说：“我们十分抱歉耽误了你的时间，但是这绝非我们的本意。我们对美国的交通状况了解不足，所以导致了这个不愉快的结果，我希望我们不要再为这个无所谓的问题耽误宝贵的时间了。如果因为这件事怀疑到我们合作的诚意，那么，我们只好结束这次谈判。我认为，我们所提出的优惠代理条件是不会在美国找不到合作伙伴的。”

日本代表的一席话说得美国代理商哑口无言。美国公司代表不想失去这次赚钱的机会。于是谈判顺利地进行下去。

日本公司代表采用的是进攻式的开局策略，即通过语言或行为来表达己方强硬的姿态，从而获得对方必要的尊重，并借以制造心理优势，使得谈判顺利地进行下去。采用进攻式开局策略一定要谨慎，因为，在谈判开局阶段就设法显示自己的实力，使谈判开局就处于剑拔弩张的气氛中，对谈判进一步发展极为不利。进攻式开局策略通常只在这种情况下使用：发现谈判对手在刻意制造低调气氛，这种气氛对己方十分不利，如果不把这种气氛扭转过来，将损害己方的切身利益。

第二节　讨价还价技巧

报价还价，张弛有度

在日常的买卖活动中，人们习惯于把讨价还价连起来说，但在谈判学上，讨价和还价是两个不同的概念。以买方为例，讨价是指卖方报价后，买方不同意卖方的报价，要求卖方重新报价。还价是指卖方报价后，要求买方报价，买方报出自己希望成交的价格。同样，卖方也可以向买方讨价还价。买方讨价是要求卖方降低价格，卖方讨价是要求买方提高价格。

报价和讨价还价是商贸谈判重要的内容。报价前需要细致了解市场行情，需要考虑影响价格的各种因素，需要为自己的报价留有余地。讨价还价时需要有理有利，可以采用对比等手法，以求达成谈判目标。

课堂训练　谈判语言应用技巧。

某企业要大量采购一批生产原料。生产这种原料的工厂有7家。某工厂要与这个企业的谈判代表进行谈判，希望能够达到与之合作的目的。

1. 老师可以假设生产原料的价格，悄悄告诉谈判双方的价格极限，看看哪个小组获利最大。

2. 分小组进行角色分配，代表本公司（公司名称自定）与其他公司进行商贸谈判。谈判主方进行接待，布置好接待场地，安排好谈判议程。

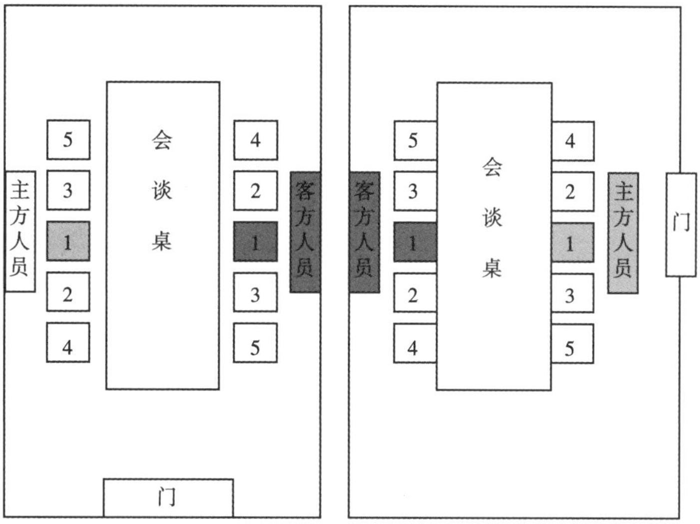

讨价还价需要尊重对方

讨价还价首先要尊重对方，把对方看成是合作者。没有对方的配合，我方的利益无从获取。在某些交易市场上，买卖双方相互谩骂甚至攻击的行为时有所见。这种谩骂、攻击对方的做法毫无疑问是非常不理智的，只能导致谈判彻底破裂。讨价还价只能采取说理的方式，诱导对方接受己方的条件。你为自己的价格准备的理由越多，就越有说服力，对方就越有可能接受你的价格。步骤如下：

1. 首先要求对方进行价格解释。让对方对他的价格进行解释有助我们获得以下信息：对方价格的构成，有没有水分，哪些地方水分大，哪些地方水分小，对方的准备是否充分，等等，使后面的讨价还价有针对性。

2. 先逐项讨价，再做总体讨价。购买多样商品时，可以采取逐项讨价还价的办法，逐项去掉水分，然后要求对方在总价上再给一定的优惠。逐项讨价时应先想办法去掉对方报价中水分最多或金额最大的那一部分。这是谈判的核心问题，决定着整个谈判的成败。

3. 讨几次价再进行还价。先讨价后还价是讨价还价阶段很重要的谈判技巧。讨价的过程就是让对方自己挤去水分的过程，不妨多讨几次。至于讨价多少次为宜，要看你的谈判对手。只要对方还肯让步，你就可以一直讨下去，讨到对方不肯再让步为止。

还价的过程就是你帮对方挤去水分的过程。经过数次讨价，对方不肯再让步的时候，就需要你来帮他挤水分，你应该狠狠地往下还。这还一定要让对方不肯卖给你。如果对方只是象征性地讨价一下就卖给你，说明你的还价还不够狠，水分还没有挤干。只有对方在这个价位不肯卖给你的时候，才能说明水分挤干了。如果你还有别的卖方可以选择，你可以在这个价格的基础上慢慢往上加，直到有人愿意卖给你为止。

好书推介

美国资深律师唐纳德森著的《谈判高手》，是一本有趣而又实用的书，教你在日常生活中，如谈判、买卖、求职等场合中如何做到高效的沟通。在书中，你将学习成功谈判的六大基本技巧，学会制订谈判计划，学习处理谈判过程中的敏感问题，并把握好达成协议的时机及方式。

单元七

演讲的构思与表达

演讲是一门独特的语言艺术。我们说，演讲稿内容丰富、深刻，见解独到，发人深思，可以引起共鸣，这是基本条件，但有好的演讲稿并非万事大吉，演讲者的语言表达，包括有声语言和无声语言，必须要形象、生动，富有感染力。可以说，在演讲中，演讲者如果能围绕着演讲主题，并能够熟练地、综合地运用各种艺术手段，才能营造出一种特殊的氛围，感染听众，获得听众的认同，引起听众的共鸣。

第一节　写一篇好的演讲稿

演讲稿的写作要求

1. 以情感人。演讲必须讲究情感的表达，当然不能"为赋新词强说愁"，空泛的情，虚假的情，夸大的情，只会让人感到做作、别扭，让人反感。

2. 切合具体演讲的场合和对象。俗话说："到什么山上唱什么歌。""看菜吃饭，量体裁衣。"在不同的场合，讲话方式也不同，这样才能取得良好的效果。

3. 简短有力，没有长句。为了方便听众听明白你演讲的具体内容，在写作演讲稿的时候一定要坚持用简短有力的句子，避免长句。

4. 形象生动避免太多的书面语。所有道理必须做到深入浅出，否则很难与听众产生共鸣，因此，演讲必须口语化，文绉绉的书面语很难听明白。因此，在写作演讲稿的时候，需要尽量避免太多的书面语，

5. 幽默但不滑稽无聊。能够用幽默的语言表达是个人智慧的表现，幽默机智的演讲者往往受到听众的热爱。但是，幽默必须避免滑稽无聊，更不能低级趣味，否则损害个人的形象，对听众也极不尊重。

演讲稿中的修辞手法运用

1. 排比：运用排比可以增强话语的节奏感和语势，特别是在辩论演讲中，能够大大增

强说话的力度。

2. 对偶：运用对偶句时，应该考虑内容与形式吻合，不能够乱用。

3. 夸张：合理的夸张能使感情更加强烈，运用得当效果很好。

4. 设问与反问：使用设问与反问，能够有效地增强演讲的力度。中外不少演讲家都喜欢运用设问与反问，而且运用得很巧妙。

5. 引证与转述：演讲需要准确、恰当地引用一些名人的言论或者普遍流行的观点、传说以及典故、格言、谚语、成语等，也需要转述某一个已经成熟的观点或者需要介绍某一著作的内容。当然，引证和转述一定要避免生搬硬套，应该准确、恰当、扼要，且衔接自然流畅。

演讲的开头与结尾

好的演讲必须选择一个合适的开场白。自我训练的时候，要注意做好开头语与结尾语训练。可以参考以下方法：

1. 直接入题，开门见山。采取开门见山的方法，直接进入演讲的主题，亮出自己的观点和态度。这样的入题方式能够一下子引起听众关注。

2. 借情景入题，引人入胜。利用当时当地的环境特点来渲染气氛，激发听众的热情，让听众很快地融入演讲当中。如丘吉尔在美国度圣诞节的即兴演讲就利用了当时的环境特点来渲染气氛："……我今天虽然远离家庭和祖国，在这里过节，但我一点也没有异乡的感觉……我和各位之间，本来就有手足之情，再加上各位欢迎的盛意，我觉得很应该和各位共坐炉边，同享这圣诞之乐。"

3. 利用实例入题，引起关注。演讲一开始讲述一件真人真事，设下悬念、引起注意、激发兴趣、诱导思考，如："说到母爱，我想到我的母亲。虽然她很普通，但我觉得她是一位最伟大的母亲。在我很小的时候……"

4. 故事入题，扣人心弦。采用故事启发听众，提出问题，进而亮出自己的观点，效果也很好。不过需要注意的是故事应该短小精悍，具有典型性和趣味性，并且与演讲的主题吻合。

5. 情感交流入题，引起共鸣。演讲前，可以进行一些感情交流，选择与听众息息相关或者最能够被听众接受的话题，引起听众强烈的共鸣，然后入题。

好头还需要好尾，演讲的结尾，如能画龙点睛，效果往往非常好。

演讲的结尾方法很多，或者把演讲的内容进行合理的归纳，或者明确指出演讲的重点问题、难点问题或精华之所在，或者把演讲潜在的内容让听众去自由地畅想，或者把演讲的内容延伸到其他方面，引发听众深思。

课堂训练 "我的一生应该这样度过"。

加拿大幽默大师史蒂芬·利柯库说："人生的进程实在很奇妙。孩童时常说：如果我长大了，要如何……；到了少年期则说：如果我会赚钱的话，要如何……；成年之后又说：我结婚以后要如何……；结婚以后呢？只有再延续下去：等我退休以后……。他终于退休了。他回顾过去的景致时，只觉得一片朦朦胧胧，像冷风吹过，犹如轻烟弥漫一般，根本看不到他当初所界定的东西。待他领悟人生其实就是当日当时的生活连续的时候，他距离永远地离开这个世界的日子已经为期不远了。”请你阅读后拟写一份以“我的一生应该这样度过”为主题的演讲提纲或者打一个腹稿。请志愿者登台演讲，每人演讲所用时间控制在 3 分钟以内。

人物故事

他没想当旅行家，却到过世界 680 多个城市；他没想当诗人，却写下了 3 000 多首诗；他没想当书法家，却为海内外的人们书写了 2 万多幅作品；他没想当社会活动家，却有 690 多个社会头衔；他没有刻意去表现自己，但他是众人公认的演讲家，20 多年内，他在“地球村”演讲了 3 600 多场……他到底是谁？

他就是李燕杰，首都师范大学教授，中华教育艺术研究会总干事长，优秀教育家，著述有 60 多种，包括《塑造美的心灵》《铸魂艺术魅力》《演讲美术》《思想教育艺术概论》《毛主席诗词详注》《爱与美的追求》《爱心慧语》。清华大学出版社为他出版 4 部专著：《生命在高处——李燕杰诗文选》《走近智慧——李燕杰智慧语录》《大道有言——李燕杰演讲选》《总有一种方式让你脱颖而出》。他的《塑造美的心灵》《自强者笔记》被评为全国首届优秀读物一等奖。他的演讲报告集销售量逾 1 000 万册，创造了演讲报告销售量的最高纪录，不愧为中国演说的泰斗！

第二节　演讲技巧训练方法

演讲过程中的“造势”技巧

1. 欲扬先抑法。抑，即收敛或贬抑；扬，即振发或褒扬。运用欲扬先抑的方法进行演讲，可以在表情达意上造成一种反差，营造一种气势，使演讲跌宕起伏，摇曳多姿，富有动感，引人入胜。例如，美国一位女官员在南卡罗来纳州对某学院全体学生发表演讲：“我的生母是个聋子，因此没有办法说话。我不知道自己的父亲是谁，也不知道他是否还在人间。我这辈子找到的第一份工作，是到棉花田去做事。如果情况不如意，我们总可以想办法加以改变。一个人的未来怎么样，不是因为运气，不是因为环境，也不是因为生下来的状况。一个人若想改变眼前充满不幸或无法尽如人意的情况，只要回答这个简单的问题：‘我希望情况变成什么样？’然后全身心投入，采取行动，朝理想目标前进即可。我的名字是阿济·泰勒·摩尔顿，今天我以美国财政部长的身份，站在这里。”这一段演讲词，极力渲染演讲者本人过去逆境与不堪，这是抑，进而展示今日地位的辉煌，这是扬。一抑一扬，激起了听众心中的波澜，从而使听众对演讲者的“简单问题”产生了浓厚的兴趣。

2. 语义转折法。陈典福的演讲《我们也是伟人》说：“什么人伟大，上至尧、舜，下至鲁迅、孙文，外国的马克思、居里夫人，中国的毛泽东、钱学森，这些人没有人说他们不伟大。是的，他们都是人类的精华，历史的骄子，亘古的伟人。但今天，在这里我要喊：我们——也是伟人！伟大与平凡只有一步之遥，真正的平凡也是一种伟大。”在这里，“但今天……”是构筑演讲气势的关键，有了这一语义上的转折，才使前面的压蓄与后面激越坦诚的表白产生强烈的震撼效果，从而达到揭示演讲主题的目的，引起听众心灵的共鸣。运用语义转折进行演讲，可以造成一种内容和情感上的“水位落差”，使演讲形成飞流直下的磅礴气势，十分震撼。

3. 铺陈渲染法。王道正的演讲《西部，我的家园》说：“西部，这块神秘、广袤的大地，曾写下多少金戈铁马、气吞万里的英雄史诗。美丽的西部，有过‘天苍苍，野茫茫，风吹草低见牛羊’的美景，也有过‘黄河之水天上来，奔流到海不复回’的奇观。而现在，母亲河年年断流，大西北黄沙漫天。西部，她还曾繁华美丽。丝绸之路，驼铃声声脆，商人交易欢；天府之国，物阜民丰足，富饶甲天下。而现在，西部还有很多人在同贫困抗争的道路上艰苦跋涉。多少年来，贫困和西部如影相随，挥之不去。西部，几乎成了贫困的代名词。西部啊西部，你何时才能繁荣富庶?”在这里，演讲者对祖国西部往昔悠久的文明、壮美的风光、丰富的物产与今日的穷困、苍凉情景进行了对比性的铺陈渲染，激起听众强烈的时代使命感。在这种特定的氛围中，演讲者尖锐地提出问题“西部啊西部，你何时才能繁荣富庶?”为演讲的主题蓄势。至此，“西部大开发”的演讲主题已经是呼之欲出。为了阐述自己对某种事物、某个事件的深刻见解，演讲者根据演讲主题的需要，从各个角度、各个侧面对该事物或事件进行铺陈渲染，以造成一种“先声夺人”的气势，把听众的思绪引入特定的演讲氛围里，再阐述自己的思想观点，对听众进行宣传鼓动，水到渠成，事半功倍。

4. “卖关解扣”法。任士奎的演讲《让爱永驻人间》说：“世界上有这么一种东西：它能使你在浩瀚无垠的戈壁沙漠中看见希望的绿洲；它能使你在千年不化的冰山雪岭中领略温暖的春意；它能使你在雾海苍茫的人生旅途中拨正偏离的航向；它能使你在荒凉凄冷的孤寂中收获快乐的果实……它是无形的，却有着巨大而有形的力量；它是无声的，却鸣着神奇如春雷一般的回响！也许有人会问：是什么这么伟大、这么神奇？我要说，它就是——爱，是人类对美好生活、对自己同胞的真诚的爱心!”在这里，演讲者通过先设置悬念“卖关子”后揭开谜底“解扣子”的方法，可以营造一种曲径通幽、引人入胜的演讲气势，使演讲收到更好的效果。

5. 层层推进法。层层推进就是用三个或三个以上的结构大体相似、字数大致相等的语句，把事理层层推进而表现出来的造势技巧。运用这种造势技巧演讲，可以使听众认识逐步深化，感情逐步激昂，印象逐步加深，使语言一环扣一环，一步紧接着一步。例如，何伟的演讲《山之精魂》说："他用自己戎马一生、忠诚一生、坎坷一生、光明磊落的一生，铸就了如山的精魂。在井冈山他是井冈之魂！在宝塔山他是宝塔之魂！那么，在他的家乡湘潭乌石山峰下，他就是那乌石之魂！——他把自己与大山一起铸就了中华民族的伟大精魂！"演讲者先用四个"一生"层层推进，再用"井冈之魂""宝塔之魂""乌石之魂"步步递升，讴歌了彭老总身上体现出的中华民族的伟大精魂，感情充沛，语势强烈，给听众以极大的精神感召力。

6. 连珠反诘法。反诘的特点是只问不答，用疑问的形式表达确定的思想内容。在演讲中，使用连珠炮似的反诘，能够加强演讲的语势，把原来确定的意思表达得更加鲜明和不容置疑，比正面表态更富有激发鼓动力量。同时，由于反诘语句带有强烈的感情，它更容易唤起听众的激情和想象。运用"连珠反诘"的造势技巧，可以使演讲者与听众的感情产生强烈的共鸣，把演讲推向激越的高潮。例如，帕特瑞克·亨利在《在弗吉尼亚州议会上的演讲》中说："回避现实是毫无用处的。先生们会高喊：'和平！和平！！'但和平安在？实际上，战争已经开始，从北方刮来的大风都会将武器的铿锵回响送进我们的耳鼓。我们的同胞已身在疆场了，我们为什么还要站在这里袖手旁观呢？先生们希望的是什么？想要达到什么目的？生命就那么可贵？和平就那么甜美？甚至不惜以戴锁链、受奴役的代价来换取吗？"这一连串的反诘句如连珠炮轰鸣，使演讲显得激情飞扬，气势磅礴，听众精神振奋。紧接着演讲者呼吁："不自由，毋宁死！"戛然而止，结束了演讲，如同战鼓擂动，号角长鸣，使全场沸腾，煽起了听众的激愤之情，将演讲推向高潮。

演讲中的造势技巧不止以上几种。无论运用何种造势技巧，都应该有助于表达演讲的主题。如果脱离了演讲的主题，为造势而造势，纯粹作为一种玩弄技巧的"语言包装"，就会因流于装腔作势而贻笑大方了。

演讲能力训练方法

1. 气息训练。演讲要求演讲者具备良好的心理素质，气息锻炼能为消除恐惧、调控紧张创造良好条件。通过反复练习，控制紧张，树立自信，为提高演讲与口才打下坚实的基础。

2. 语速训练。速读就是快速的朗读，目的是锻炼口齿伶俐，语音准确，吐字清晰。说话的速度是演讲的要素，通过绕口令训练能锻炼语速的运用。读的过程中不要有停顿，发音要准确，吐字要清晰，要尽量达到发声完整。一个人就可以独立完成训练。当然你也可以找一位学员听听你的速读练习，挑出你速读中出现的毛病。比如哪个字发音不够准确，哪个地方吐字还不清晰，等等。这样就更有利于你有目的地进行纠正、学习。你还可以用录音机把你的速读录下来，然后自己听一听，从中找出不足，进行改进。如果有老师指导就更好了。

3. 肢体练习。肢体语言是有声语言的补充、辅助。演说时的姿势会带给听众某种印

象，要让身体放松，不要过度紧张。过度的紧张不但会表现出笨拙僵硬的姿势，而且对于舌头的动作也会造成不良的影响。俗话说“站有站相、坐有坐相”，好的肢体语言可以强化沟通效果，丰富信息内容，差的肢体语言则会降低表达效果，影响讲者形象，肢体语言训练让你的形象增姿增色，平添魅力。

4. 名人演讲借鉴。模仿的过程就是一个学习的过程。练口才必须利用模仿法，向这方面有专长的人模仿。这样天长日久，我们的口语表达能力就能得到提高。通过观看名人的典型演讲能形象地把握演讲的要领，练习时可多收听或观看名人的演讲并进行相关的模仿训练。

5. 讲故事比赛。讲故事看起来很容易，要真讲起来就不那么容易了。常言道：“看花容易，绣花难。”听别人讲故事绘声绘色，可是自己一讲起来，干巴巴，毫无吸引力。因此，讲故事也是练口才的一种好方法。讲故事可以训练人的多种能力，因为故事里面既有独白，又有人物对话，还有描述性的语言、叙述性的语言。幽默风趣的讲话使生活多彩多姿、受人欢迎。如何具有幽默感？学员以组为单位，通过讲故事或笑话，在轻松愉快的环境下把握演讲具有幽默感所需要的技巧。洞悉幽默的各种表达方式，将增加你的语言亲和力、感染力，让你在交际中游刃有余、左右逢源，此外，在演讲时适时地引用事例故事和笑话，可增加语言渗透力和感染力。

6. 小品练习。表情丰富、语言夸张是小品的特点。此训练的目的在于培养人的语言的适应性、个性以及适当的表情、动作。这种训练法要求“演”的成分很重，它不仅要求声音洪亮，充满感情，停顿得当，还要求能绘声绘色、惟妙惟肖地把人物的性格表现出来，而且要配有一定的动作和表情。从这个角度看，这个训练是有一定难度的。但只要我们朝着这个方向努力，那么我们就会成功。

7. 模拟演讲比赛。模拟演讲比赛旨在让学员们更加清晰、全面地认识求职面试，从而更有针对性地锻炼自己，从中找出在求职过程中应该注意的问题及个人应具备的能力及素养。

课堂训练 演讲技巧训练方法。

（一）气息调控训练

1. 慢吸慢呼。静坐 3 分钟后，将气息从口鼻同时吸入肺底，停止 3 秒钟后再将气息慢慢呼出。可以在乘车时，可以在睡觉前，也可以在办公室里，进行训练。每天训练 5 次，效果挺好。

2. 慢吸快呼。静坐 3 分钟后，将气息从口鼻同时吸入肺底，停止 3 秒钟后再将气息分别用3秒钟、2秒钟、1秒钟呼出，各重复3次。

3. 快吸快呼。静坐3分钟后，将气息从口鼻同时吸入肺底，停止3秒钟后再将气息快速呼出，每天做8次，训练时间可以自行选择。

4. 快吸慢呼。静坐3分钟后，将气息快速吸入，停止3秒钟后再将气息分别用15秒钟、20秒钟、30秒钟、40秒钟呼出，每天做8次，训练时间可以自行选择。

（二）数数儿训练

1. 数数儿。以秒为单位，每秒钟数一个数，从"1"开始数下去。要求吐字清晰，气息要连贯，中间不换气。男生一口气数30个数字，女生不少于20个数字。小组成员之间比一比，看看谁的气息比较长。

2. 数金葫芦儿。"金葫芦，银葫芦，一口气数不了24个葫芦。一个葫芦，两个葫芦，三个葫芦，四个葫芦，五个葫芦，六个葫芦，七个葫芦，八个葫芦，九个葫芦，十个葫芦，十一个葫芦，十二个葫芦，十三个葫芦，十四个葫芦，十五个葫芦，十六个葫芦，十七个葫芦，十八个葫芦，十九个葫芦，二十个葫芦，二十一个葫芦，二十二个葫芦，二十三个葫芦，二十四个葫芦。"

由慢到快训练，小组成员之间比一比，看谁数得快。

3. 数枣儿。"出东门，过大桥，大桥下面数枣儿，红的多，青的少，拿起竹竿儿去打枣儿，一个枣儿，两个枣儿，三个枣儿，四个枣儿，五个枣儿，六个枣儿，七个枣儿，八个枣儿，九个枣儿，十个枣儿，十一个枣儿，十二个枣儿，十三个枣儿，十四个枣儿，十五个枣儿，十六个枣儿，十七个枣儿，十八个枣儿，十九个枣儿，二十个枣儿。"

由慢到快训练，要求一口气能数下20个或30个枣儿。

（三）演讲手势设计与训练

1. 小组成员寻找演讲题材。
2. 各自写一份演讲稿。
3. 针对演讲内容设计演讲手势。
4. 互相点评。
5. 比一比，看谁的动作最自然、流畅。

人物故事

（澳大利亚演讲家约翰·库提斯在演讲视频《父母给了我真正的生命》里讲述着自己的故事。）

我出生的那一天，医生就告诉我的父母，我一定会马上死去。他们告诉我的父母说我不可能活过当天，他们建议我的父母立即为我准备葬礼；我的父母真为我买了棺材，买了墓地，甚至还准备了我的衣服。我活过一天之后，他们又说我不可能活过一个星期；我又活过了一个星期，他们又说我不可能活过一个月；我又活过了一个月，他们又说我不可能活过一年……但三十年后，三十五年后，我依然健在，而且自由自在地周游世界。

我六个星期大小的时候，医生给了我父母两种选择：或者当场在医院里就此结束我的生命，或者把我放在专为残疾人准备的抚养中心。我的父母不喜欢这些选择，他们做出了新的决定：把我带回家，像任何正常的孩子一样开始抚养。他们给了我很多的爱，很多的关怀，还有很多的规矩。他们给了我很多规矩是因为我小时候非常调皮，甚至好几次把猫的尾巴给点着了火。

我正式开始上学是十岁。此前我去了一个托管中心。在托管中心，我是唯一每天可以回到充满爱、关怀和温暖的家的人。托管中心的大多数孩子甚至不知道他们到底还有没有家。在托管中心我认识了好朋友凯尼，凯尼有严重的脑瘫痪，他自己没法走路，没法讲话，甚至上厕所他都没有办法做到。凯尼四处走动的唯一依靠是一种特别的轮椅，这个轮椅需要他的下巴来控制方向，如果想左转，首先要把下巴转向左边，如果想去右边，再把下巴转到右边。每次不小心打喷嚏，他那个车就会因失控而一直撞到墙上。凯尼与人交流的方式也很独特，他回答别人问话的唯一方法是眨眼睛，眨一下代表“是”，眨三下代表“不是”。

我得知我将去正常人的小学读书的时候，第一次感到了恐惧，我好害怕。我出生的地方是个很小的乡村城镇，我们那里没有很大的商店。开学前，包括我的哥哥、弟弟还有妹妹在内的所有家庭成员一起上了父母开的车，一家人到一个大城市去为我买了新的校服、新的课本和新的大书包。那是一个很大、很大的书包，因为爸爸要我从小学会自立，他说：“你有这个包，就叫真正自立了。”

眼看马上就要开学了，我把这个大书包里装满了礼物，我要送给我的好朋友凯尼，凯尼很小就教会我一件事，就是每个人出生的时候都有两个眼睛，两个耳朵，一个嘴巴，这便意味着我们每个人都应该看得更多，听得更多，说得更少。我不知道离开托管中心之后还有没有机会再次遇到他。我给凯尼准备了一个大气球，准备绑在他的轮椅上，还有几个棍子是为了让他控制自己的轮椅，另外还有一些体育杂志。凯尼很爱读书，可是连最简单的翻书动作，他都必须到处求人帮忙才能完成。

我把礼物从包里拿出来给凯尼的时候，突然有了一个主意。我把包里的东西倒出来，把凯尼的安全带从轮椅上解开，然后把凯尼从他的轮椅上给拖了下来。我跟凯尼在一起那么多年，这是我第一次看到凯尼离开他的轮椅！凯尼曾说自己最大的梦想就是能在雨中散步，被雨水淋湿……所以，我把所有包里的东西拿出来之后，就把凯尼拼命地往包里塞，我把他完全、彻底地塞到包里，我几乎成功了，只剩下了他的一条胳膊还露在外面。然后我拖着这个大大的书包经过长长的没有一点生气的托管中心走廊，我边走边说：“凯尼，跟我来吧，我会带你出去的！”

我拼着命把他拖过水泥地走廊，突然，一个声音响了起来(这是一个很胖的女人的声音)："约翰！你拎着这么大的包干吗？是你吗，凯尼？"她弯下腰就要去抓那个包，可我不愿意松手，争执之下凯尼从包里掉了出来，他的手臂、肩膀、下巴都受了伤，整整两个星期没法动，整整两个星期被锁在自己的房间里。

爸爸为此跟我做了一次交谈。爸爸教会我一个原则，到今天已成为我的人生第一大准则，那就是你想要别人如何待你，首先你要学会如何去对待别人！

课堂训练 演讲比赛筹备过程。

1. 演讲主题与材料的准备：

(1) 小组每位成员根据自己的兴趣以及个人关注的某些具有时代意义的、针对性强的话题，确定一个演讲主题。

(2) 每组进行讨论，提炼出一个演讲主题。

(3) 从各小组的演讲主题中，提炼出一个演讲主题。注意：所选主题是否适合听众？是否新颖有价值？演讲者是否能够驾驭？

(4) 请各小组成员围绕这个演讲主题进行选材。要求每个人都积极参与，做到人人有"料"。注意：材料不求多，但求精，能够论证演讲的主题。

2. 根据所选的主题和材料进行写作，要求每人写作一篇演讲稿。

3. 各组选派 1 名代表，组成评委小组，对各位成员的演讲稿进行评价，并把评分记录在表 7-1 中：

表 7-1 演讲比赛评价表

姓名	主题鲜明 (20 分)	论据充分 (20 分)	语言准确 (20 分)	观点独到 (20 分)	修辞得当 (20 分)	总 分

4. 各位成员根据别人的评价修改自己的演讲稿并熟记演讲内容。

5. 举行全校性的演讲比赛。

第三节 竞岗演讲技巧

认真组织竞岗演说词

竞岗演说词，也叫竞聘演说词，是我国人事制度改革中产生的一个新文体。现在，许多机关、企业和事业单位通过改革人事制度，公开向社会或本系统招聘需要的人才，为了真正选到优秀人才，他们在人事组织和纪律监察等有关部门的监督和指导下，坚持公平、公正、公开的竞争原则，采取考试、考核和发表演说等方法，综合评分，择优录取。所以，参加应聘的对象，除了经过考试、考核外，在一定的范围内发表竞岗演说是不可缺少的。

如果在考试、考核分数同等的情况下，演说水平的高低便成为竞争能否成功的决定因素。因此，竞岗演说词非常重要，而演说水平与质量，除口头表达外，演说词又是关键。

竞岗演说词相当于“竞选演说”，发表自己的“施政纲领”。因此，如何把它写好，赢得大家的好评，并非易事。通过竞岗演说，起码要显露出自己的文才和口才，体现出你对这项工作热爱、情况熟悉和业务精通，以及干好工作、办好事业的办法和决心，使评委和听众感到你是个人才，可以胜任此项工作。所以，在撰写演说词之前，应该有一个思考与准备的过程。

1. 介绍自己。开头是介绍自己，第一印象非常重要，要认真准备与训练。介绍自己就是要介绍自己的学历、经历、政治素质、业务能力等。重点要介绍自己的优势，简要介绍自己的不足之处。

2. 为什么要参加竞岗。谈参加竞聘的目的，不外乎两点：一是更好地发挥自己的才能；二是带领团队更好地工作。一个人的工作干好，不如带领一个团队都干好工作，这一点简单几句就可以。

3. 工作方案和具体措施。今后打算怎么做，见仁见智，各有各的做法。你所描绘的蓝图美不美就看你的演讲效果好不好。应归纳几点讲，不要面面俱到。比如权、利、情、身、勤、廉等方面，就是要做到权为民所用，利为民所谋，情为民所系，身先士卒，勤政为民，廉政为民。

4. 结尾。好的结尾能加深评委们对竞聘者的良好印象，从而有利于竞聘成功。俗话说：“编筐织篓，全在收口。”结尾技巧一般有下面几种：

(1) 表明自己对竞聘成败的态度，展现坦荡胸怀。“我参加竞聘，希望在竞争中获得成功。但是，也决不回避失败。不管结果如何，我都将诚诚恳恳做人，踏踏实实做事。”

(2) 表达信心，讲一些虚心的话，讲一些有信心的话。

(3) 恳请大家支持，不外乎请大家相信你、支持你，投你一票，将不辜负大家的信任。

(4) 向大家表示谢意。让评委或听众受到感化，增加好感。

选择恰当的表达方式

1. 简洁明了式。演讲需要去掉那些毫无意义的口头语和多余的感叹词，必须选择那些最能准确反映事物本质、表达个人思想感情的词汇，抓住中心，紧扣主题，一气呵成。千万不要说一些令人生厌的空话和废话，千万不要啰唆，讲一些没有必要重复的话。

2. 通俗易懂、平实质朴式。演讲语言介于书面语与生活用语之间，表达需要大众化，容易听明白，道理浅显，深入浅出。多用规范性词语，不用生僻难懂的词语；多用群众性语言，如谚语、俗语、成语等；多用短句，不用那些结构复杂的长句；多用质朴通俗的语言，不用那些文绉绉的词语或句子。

3. 委婉中听式。语言委婉往往比较中听，能够展示说话者的机智和风度，反映一个人高超的语言能力。

4. 风趣幽默式。用幽默有趣的语言表达严肃的道理，比起那些直白露骨的语言，更容易让人接受和喜爱。

竞岗演讲的七大技巧

竞岗演讲是演讲的一种，因此，它具有口语性、群众性、时限性、临场性、交流性等演讲的一般特点。但因为它是针对某一竞争目标而进行的，所以它还具有以下特点：

1. 目标的明确性。目标的明确性，是竞岗演讲区别于其他演讲的主要特征。这一方面表现在演讲者一上台就要鲜明地亮出自己所要竞岗的目标，另一方面，其所选用的一切材料和运用的一切手法都是为了一个目标——使自己竞聘成功。

2. 内容的竞争性。竞岗演讲的全过程都是听众在候选人之间进行比较、选择的过程，因此演讲者必须“八仙过海，各显其能”，把自身所具备的条件、施政的构想尽最大可能显示出来。有时，甚至还要把本来是“劣势”的东西换一个角度讲成“优势”。

3. 主题的集中性。主题的集中，是指所表达的意思单一，重点突出。这就是说，在表达意思时，必须突出一个重点，围绕一个中心。在做竞岗演讲时，一定要“立主脑”，“减头绪”，“镜头高度聚焦”，这样才能在听众心中燃起共鸣之火。

4. 材料的实用性。实用性，是指所选材料既符合实际，又对自己竞争“有利”，也就是无论讲自己所具备的条件还是谈任职后的“构想”，都要从“自我”出发、从实际情况出发。竞岗演讲是“竞争”，但并非是在比谁能“吹”，谁能用最“甜”嘴皮子。听众一边听你的演讲，一边在考察你的话是否能在现实中发挥作用并取得效果。

5. 思路的清晰性。思路，就是演讲者的思维脉络。在演讲中演讲者要清晰把握先讲什么后讲什么。竞岗演讲除了题目和称呼外，一般分为五步：

第一步，开门见山讲自己所竞聘的职务和竞聘的缘由。

第二步，简洁地介绍自己的情况：年龄、政治面貌、学历、现任职务等。

第三步，摆出自己优于他人的竞聘条件，如政治素质、业务水平、工作能力等。

第四步，提出假设自己任职后的施政措施。这一步是重点，应该讲得具体翔实，切实可行。

第五步，用最简洁的话语表明自己的决心和请求。

当然，以上几步也只是简单的模式，实践中演讲者还可根据实际需要稍有变化，而并非填表式操作。

6. 演说的条理性。演讲者在讲措施时一定要注意条理清楚，主次分明。不要让人听了如一团乱麻。为了把措施讲得有条理，可用列条目的方法，如“第一点”“第二点”或“其一”“其二”等表示。注意要学会使用过渡语来承上启下。如，当自我介绍之后，可以说：“我之所以敢于来竞聘，是因为我具备以下条件”来引出下文；讲完条件后，可以说：“以上我说了应聘的条件，那么，假如我真当了校长(或乡长、厂长)，会采取什么措施呢？下面就谈谈我的初步设想。”这样不仅条理清楚，而且使演讲上下贯通，浑然一体。

7. 语言的准确性。竞岗演讲中的准确包括恰如其分地表情达意，所谈事实和所用材料、数字都要“求真求实”，准确无误，注意分寸。因为竞岗演讲基本上是以“我”为核心，如掌握不好分寸，夸大其词，就会让人产生逆反心理，从而使自己的演讲失败。

因此，我们把演讲技巧训练的难点和重点都放在对语言的运用上。比如，语言的抑扬运用，即在表情达意上造成一种反差，营造一种气势，使演讲跌宕起伏，富有变化和动感，引人入胜；又如，语句的层层推进，即用三个或三个以上的结构大体相似、字数大致相等的语句，把事理层层推进地表现出来的技巧，使语言一环扣一环，一步紧一步；再如，运用反问、设问等技术，提出问题，或者自问自答，以达到发人深思的演讲效果。

解读常见的竞聘面试问题

1. 你为什么竞聘这个岗位？(主要考察你的工作意愿。)

回答参考：你竞聘的理由，很简单，就是为了能够进一步在公司的里面获得纵向发展，得以施展自己长期以来积累的工作和管理经验，在给公司的业务带来增长的同时获得自我提升。当然，根据自身情况，你可以灵活变化，但是不要忘记了，把自己和公司的利益结合起来，公司第一，你第二。

2. 你有什么优势参与此次竞聘？(主要考察你的特质。)

回答参考：如果你竞聘的是业务类主管，那么你的核心是提升公司业绩；如果你竞聘的是人力资源部主管，那么你的核心是解决公司的人力资源(招聘、培训、薪酬等)问题；如果你竞聘的是财务类主管，那么你的核心就是开源节流……不管你竞聘什么领域，总有一个核心任务，那就是你的优势目标所在。同时，要加上必不可少的辅助能力。比如业务类的，举个例子，做分店店长。你的市场洞察能力、业务开发能力、员工激励能力、员工管理能力、销售控制能力、资源协调能力，都是围绕着你的岗位而来的，适当举例，让此次回答没有分歧。

3. 你认为你还有什么弱点是对该工作不利的？（主要考察你对自己的认识和诚恳的态度。）

回答参考：要知道，一个主管，最忌讳的就是报喜不报忧，欺上瞒下。所以，如果你有什么大家都有可能的弱点，尽管说出来，表现出真实的一面，并表示会在以后的工作中，扬长避短，不断进步。

4. 你对某领域有什么看法？（考察你的市场眼光了。）

回答参考：对一个市场的准确分析，是作为一个团队领导必不可少的能力。要回答好，离不开你对该领域的了解。基本功力就是在这个时候体现的。要知道，领导往往站在公司的角度考虑问题，而不是单单一个部门。把握这个原则的情况下，把市场分析和解决方案也加进去，免得被对方追问，失去主动性。例如，你对目前某某市 IT 市场怎么看？那么你的回答，首先是目前总的发展在全国占有什么位置，有哪些核心的厂家和品牌，哪些品牌是成功的，哪些品牌是在退缩，成功的策略是什么，失败的原因有哪些。其次，由于市场的变化，人们的消费有什么变化，有哪些数据说明了这一变化，对我们的市场策略有什么影响。最后，针对目前的状况，我们可以怎样做……注意，不要说我们非得怎么样，因为领导也在分析市场，也在做相关的工作，他们可能比你想的更多，而你不一定正确。还有一种情况就是，你的正确了，而他没有做，他会感觉你在影射他。所以，在策略和方向问题上，要谦虚，点到为止。记住，数据比理论更重要。

5. 你觉得你竞聘的某部门现在有什么问题？（问题较复杂，考察你的分析能力和解决问题的能力。）

回答参考：第一要据实回答，确实存在的影响公司发展的问题。第二要回避人事方面的问题，因为一方面，以前的主管可能升迁，或者有可能成为你的部下，工作的开展，跟他有莫大的关系，如果你一针见血，最后竞聘成功，他很有可能成为你最难啃的一块骨头。第三要提出问题，一定要有解决方案，不要看到很多问题，却不说出你的解决方式，那还不如不讲。第四要把眼光放远一点，不要死缠细枝末节，而要找影响部门和公司发展的问题。比如，卫生工作没有做好，在总结的时候，一笔带过，没有必要深入。第五要说明所有的问题都不是问题。这是一个必有的观念，会影响你谈话的态度和语气。所有问题，必须客观看待，他们是一个部门和公司发展过程中必须面临的，不是因为某人某事而出现的，要保持你的客观性。

6. 如果你竞聘成功，会怎样开展工作？（主要考察你的创新和统筹能力。）

回答参考：解决问题固然很重要，但是最重要的是做对的事情。所以，核心是你怎样在现有的业务模式上有所突破。不一定将来会这样做，但是你的回答会让领导看到你的潜力。一个只会埋头苦干的人，让人看不到将来；一个高谈阔论的人，让人感觉不踏实；一个只见树木不见森林的人，绝对成不了大器。所以，要找到关键点，在公司部门的业务增长点上狠下工夫，同时在管理上要将眼光和实干相结合。

7. 你怎样看待该部门和公司在未来的发展？（考察你对工作和公司发展的认知能力。）

回答参考：首先公司兴亡，匹夫有责。不要以员工的身份去看未来的发展，要以老板的角度去想，喜公司之喜，忧公司之忧。其次要客观分析，但是言语要得当。从市场的角度，从公司的实力，从战略目标，从个人定位，从现有资源各个方面去讲，要有理有据。再次，做不成领导，仍旧可以做兵。要让领导看到，你是忠诚的。你不要把自己仅仅定位在目前竞聘的岗位上，要再高一级，要表现出你的事业心，将在公司得以实现。

课堂训练 做好竞岗演讲准备。

1. 做好竞选岗位的职责和要求调查与分析。

在竞岗前，应该通过调查和资料收集，充分了解竞选岗位的职责和要求，以及原来岗位工作存在的一些问题，但千万不要攻击前任。填入表 7-2 中。

表 7-2　竞选岗位职责和要求调查与分析表

竞选岗位职责	其他能力要求	存在的问题	个人优势	具体工作设想

2. 撰写竞岗演讲稿。各组成员根据竞岗主题准备一份演讲稿。

3. 自我演说，利用录音、录像设备把音频或视频记录下来并进行自我检测：

（1）在语言表达方面，有否正确使用普通话，有否根据准备的演说词，讲求节奏，控制和调整速度、语调。

（2）在体态语方面，如目光、面部表情、手势、姿势、眼色等，是否尽可能清晰、准确、淋漓尽致地表达演说内容，是否自然、大方，目光亲和，举止从容。

（3）在内容方面，是否根据竞聘演讲的特点，明确提出自己的目标，围绕竞争岗位，陈述自己的有利条件，阐述自己的具体措施。

阅读推介

《演讲与口才》杂志于 20 世纪 80 年代出刊。该杂志创始人为邵守义，他对我国演讲与口才理论的研究做出了巨大的贡献，被誉为“新时期演讲事业的开拓者”。后来，杂志社创办网站，刊登“演讲、论辩、谈话、交际、口语训练”等方面的内容，成为人们查阅、学习演讲等知识的最佳平台，深受广大网民喜爱。

单元八

职场沟通与表达

现代社会是一个沟通的世界、关系的世界，从亲子关系到同学、师生关系，到以后的同事关系、上下级关系、婚姻关系及其他社会关系，个人在处理这些关系时要不断地学习各种知识、技能、规范，我们的个性才得以按照期待的社会角色被培养，才能具有适应社会、求得生存和发展的能力。

有专家对 6 000 多家用人企业和 5 000 多个岗位的调研中发现，排在用人企业对员工职业素质要求前 6 位的分别是协作能力、沟通能力、时间管理能力、适应能力、学习能力、抗压能力。《找到好工作，工作才快乐》一书，归纳有 9 项职业潜能：语言能力、运算能力、逻辑思维能力、艺术创造能力、空间知觉能力、运动协调能力、人际沟通能力、细节计划能力、宏观思维能力。可见，沟通能力已成为现代从业人员的通用要求。沟通能力强的人，会拥有和谐通畅的人际关系，有利于使工作效率倍增。甚至有企业认为，绝大多数的问题是因为沟通不畅造成的，绝大多数的问题通过沟通可以得到解决。

第一节　团队合作与沟通

● 培养团队沟通意识

沟通意识是指人自觉、积极、主动沟通的倾向。通过语言等交际手段达到宣传、告知、说服他人的目的，最终目标是让他人行动。在职场中，通过高效沟通，让他人行动，从而创造更高绩效。

沟通是一种双向的行为模式，有主动参与和被动之别。一直处于沟通被动状态的人，不太容易适应社会，也不懂得借助沟通方式来减少适应社会的障碍，往往在工作中不太能够进行团队合作。主动沟通的人进入企业，进入班组以后，在同事或领导面前能够主动表达自己的观点，在工作上与相关人员多沟通，从而减少失误，正确理解与执行所需承担的任务，获得的机会往往比较多。因此，沟通与表达是一种能力，是适应能力和表现能力的综合表现。无论性格内向外向，是否有经验，都应该特别关注与身边的同事主动沟通。

培养团队沟通能力

1. 注重非语言沟通。非语言沟通包括眼神、身体、脸部表情等传达的信息。人们对你的看法，往往跟你的非语言沟通有着直接的关系。例如，笑容是善意的象征，它可以使自己和对方活跃起来，对对方产生很大的吸引力，反之，脸色忧郁，刻板阴沉，别人会退避三舍。刚刚进入一个班组，你最需要做的事情就是面带微笑，态度和蔼，语气缓和，礼貌待人。

2. 积极倾听。有的人以为沟通就是说话，会说话，沟通能力就很强，往往不注意“倾听”，对班组其他成员的话不耐心听，从头到尾只关注自己的事情，随意打断并插入自己的意见，夸夸其谈，自我陶醉。很明显，这样的人这样的行为难以建立良好的同事关系。耐心且善于倾听别人诉说，在工作中太重要了。通过倾听，可以了解对方要传达的信息，感受对方的感情，还可以减少对方的防范意识，得到对方的认同，令对方产生找到同伴和知音的感觉，从而加深彼此了解，帮助你正确理解问题和解决问题。

3. 培养赞美能力。任何人都希望得到他人的认同和赞赏，从而证明自身存在的价值。来到一个团队往往并非因为高薪酬，而是受到团队的尊重和认可。赞美的话语最能激起别人的自尊心，也是每个人都追求的，因而在工作中应多给予同事真诚地称赞与肯定，获得同事们好感。当然，赞美也得注意方式方法，以免弄巧成拙，特别要防止虚伪献媚之辞。

4. 培养自控调节能力。我们每天跟班组的同事相处的时间甚至比跟家人相处的时间还长，因此，很有必要把同事们当成自己的好朋友，经常保持良好的心态。学会自我调节，经常保持愉快、满意、开朗的心境，对良好人际关系的建立十分重要。你可以运用已知的心理学知识，对同事关系中出现的心理问题进行自我认识、自我矫正，或求助于心理咨询机构，当消极情绪出现时能合情合理地宣泄、排解，经常保持良好的同事关系。

5. 加强语言沟通。

第二节　上级、平级、下级沟通

保持顺畅的同事沟通

现代企业的管理结构一般都是三角形，基本上可以分为 3 层，即决策层（高层）、执行层（中层）、操作层（基层）。高层“动脑”，中层“动口”，基层“动手”，即高层管理者需要考虑企业的经营发展方向和推动企业运营模式的开展，中层干部需要上传下达，基层工作人员需要具体执行，完成上级交代的任务。各级沟通的目的大致如下：

1. 与上级的沟通。与上级的沟通常用来解决：

(1) 我们要做的事情，需要得到您的认可、支持。

(2) 您提出的问题，我们有方案解决，征求您的意见。

(3) 有些突发问题发生了，我们需要请示如何处理(提出几种解决方案，表明倾向)。

2. 与平级的沟通。与平级的沟通常用来解决：

(1) 我们需要共同完成一件事情，需要您充分了解并支持。

(2) 这件事情超越了我的范围，而您正好可以解决。

(3) 这件事情由我们共同负责，发生了失误，我没有做到……您有什么补救的方案吗？(自己也准备了几种方案。)

3. 与下级的沟通。与下级的沟通常用来解决：

(1) 这个项目由你来完成，你必须先了解需要你达到什么要求再去实施。

(2) 公司打算对你的职务或业务范围进行调整，原因是……你要全力以赴。

(3) 这个项目需要你们几个人合作完成，我想听听你们的计划。

没有沟通，就没有管理。越是机构复杂的企业，越需要全方位的沟通。著名组织管理学家巴纳德认为，“沟通是把一个组织中的成员联系在一起，以实现共同目标的手段”。在具体的工作中，往往基层的许多建设性意见不能够及时地反馈到高层决策者那里，被层层扼杀，而高层决策到了基层往往就走了样，企业管理就此陷入混乱当中。企业是有生命的有机体，而沟通是有机体内的血管，通过充分的沟通，信息流动，给企业系统提供充足的养分，实现企业的良性循环。具体工作中，我们采用的团队沟通模式大致有 3 种：

1. 进行自我总结和评价。团队能安排时间定期开展自我评论，那么工作就能始终走在正确的轨道上，即使有所偏离，也不会太离谱。可以定期或不定期召开这种讨论会，有的在早上开“早会”，有的在周一开“周碰头会”，有的在周末开“周总结会”。召开自我评论会议时，可以邀请一些组外人士或者上级领导作为观察员参加会议，围绕着“我们干得怎么样?”“我们还需要什么样的协助?”“我们是否达到了自己的目标?”“接下来该如何实现我们共同的目标?”进行。

2. 定期工作测评和集体评价。对照团队的既定目标来对内部人员的工作进行测评，是向全体队员显示团队的成绩和差距、增强凝聚力的有效办法。若不能定期地开展这种测评，成员们也许对本组已经取得的成绩感到茫然无知。工作测评和集体评价绝不只是填写几张汇报卡片的事，而是增强小组战斗力的重要手段。

3. 举办团队活动鼓舞士气。对团队取得的成功要进行庆祝，而且要定期地举办团队活动！活动不拘一格，能够成功地鼓舞士气，提高大家的幸福感和归属感。不少大企业为了鼓舞士气，定期或者不定期举办一些具有特色的团队活动，如海尔集团的员工拓展训练，对加强团队合作具有深远的意义。

课堂训练　分组选择好角色，模拟训练以下沟通情景。

1. 模拟与上级的沟通。假设工作中可能遇到的问题，针对这些问题提出一些解决的方案。

2. 模拟与平级的沟通。讨论工作中存在的问题，进行协商。

3. 模拟与下级的沟通。布置具体任务，进行人员安排。

课堂训练　游戏：解开“千千结”。

请每一组成员手牵手围成大圈，主持人站在圈外指挥，每组派出一人做监督人。要求：每个同学都要记住自己左右两边的人，听到主持人说解散的口令后开始随便在圈内走动，然后主持人叫停，大家都得停止运动，然后找到刚开始在自己身边的人，保持原地不动，重新牵手。

请大家想尽一切办法恢复到正常的牵手状态。最快恢复原状的小组即为胜者，落后的小组则需要受到惩罚，可集体表演节目或者派代表表演节目。

勇于承担个人责任

北京市公共汽车售票员、全国劳模李素丽曾经说过：“我为我的职业、我的岗位自豪，是它给了我每天都能向他人奉献真情的机会，让我每一天都感到充实。对内我代表首都，对外我代表中国。”这种表达彰显出她对工作的热爱和担当。其实，对工作负责，敢于担当，是成熟的一种表现，寻找借口推脱责任、遇到问题退缩等表现恰恰就是一种不成熟、不负责任的表现。大家看看，以下是不是你经常说的话？

1. 不关我的事啊。

2. 关我什么事嘛，又不是我一个人，干吗就说我一个人呀。

3. 我想别人会来处理的。

4. 又没有人问过我，况且也没有人告诉我怎么做。

5. 为什么要找我？为什么偏偏又是我？

6. 反正没什么所谓，反正没有人知道，反正也不太重要。

7. 反正大家都是这么做的，何必那么认真呢！

8. 没有人叫我起床，我的闹钟坏了，手机没有电了，所以我迟到了。

9. 迟到几次算什么！大不了我不干了！有什么了不起啊！

10. 我一个打工的，干那么多干嘛！

这些话语表明你不负责任的态度，极大地损害了你的职业形象。在一项调查中，用人单位对毕业生各方面的素质的看重程度显示为：责任感（意识）4.56 分（满分为 5），团队精神 4.42 分，事业心 4.37 分，自信心 4.29 分。企业认为责任等同于使命，员工的责任意识能体现他对企业的忠诚度和热爱感。具备责任意识的个人及团队，能尽职尽责地完成工作，如果能“多做一点点”，则能产生优秀的员工或优秀的团队。

人物故事

美国有一个非常负责任的女管家，由于她忠于职守，受到约翰逊总统的赞誉。

美国经济学家葛尔布莱一天回到家后感觉疲惫不堪，他想睡一个好觉，于是特意吩咐女管家，无论谁来电话，都不要打搅他。

但是他刚刚入睡，约翰逊总统就来电话找他。女管家和气、委婉地向总统解释：“葛尔布莱先生刚从国外讲学回来，很疲劳，刚刚入睡。请您原谅，总统先生！我暂时不能叫醒他。”

约翰逊总统说有要紧的经济政策问题要同葛尔布莱商量，执意要管家叫醒他。女管家耐心地解释说：“不，总统先生，他身体有些不适，方才特意嘱咐过我，他不接任何人的电话。我现在只能是替他工作，为他负责，而不是替您工作。请您放心，待他醒过之后，我一定将您打来电话的事情及时转告他。何况只有在他休息好之后，才能精力充沛地同您讨论经济政策问题，你说对吗，总统先生？”

女管家的话有理有据，约翰逊心服口服，只好放下电话。葛尔布莱醒来之后，立刻去见总统，并表示了深深的歉意。没想到约翰逊总统丝毫没有责怪之意，反而对女管家大加赞赏，并建议说：“请转告你的女管家，如果她愿意，那就请她到白宫来工作，这里需要像她那样的人。”

课堂训练 做一个有担当的人。

请你大声地、用心地表达以下语言，做一个有担当的人。

1. 我可以负责！
2. 我能够从小事做起！
3. 我一定完成任务。
4. 我服从领导安排！
5. 我会尽职尽责把工作做好！
6. 对不起，这是我的错，我接受处罚。
7. 我愿意承担责任！
8. 我将承担一切后果！
9. 放心吧，答应别人的事情，我一定会尽心竭力做好！
10. 请您相信我！

即兴发言技巧

即兴发言大多是针对大会发言、祝词、贺词、悼词等情况而进行的。如果我们有时间，应该提前准备好，写成发言稿，以示重视，获得的效果会比较好。

如果时间紧，可以拟写一个发言提纲。这些提纲可以写出来，也可以只打个腹稿。如果纯属临场发挥式的即兴发言，我们可以从现场存在的某一特定的事物或者场景作为思维点，描述自己的内心感受，也可以从别人的发言中寻找灵感，孕育个人的发言主题。比如，我们可以这样入题："我非常赞同刚才那位先生的观点……"

工作总结也属于即兴发言。注意内容必须真实并切合会议的主题，发现问题，提出解决方案，或者请求别人提出建议，最好能提出自己新颖的、独特的观点，尽量不要过多地重复前面发言者的观点和发言风格。

发言构思非常必要，难度也比较大。因为这个时候，你的头脑中会闪现出非常多的思绪。这些思绪非常珍贵，像一颗颗珍珠，你需要抓住一根红线，把这些珍珠串起来。也就是说，从这些思绪的关系中确定一个中心，并用它连缀这些思维点，与主题无关的思维点全部都要舍去，形成一个表达网络后，再开始发言。

课堂训练

某大酒店出现个别主管责任心不强，长期出现工作不到位、事不关己的状态，对工作造成不良影响。你对问题做了初步了解，现在请你针对这个问题的解决方案发表意见。要求就事论事，实事求是。

好书推介

夏志强编著的《职场说话技巧》介绍职场人说话的技巧。通过阅读书中内容，不善言谈的人可以提高自己说话的能力，掌控说话的时机，实现预期的效果。该书还设计了一些测评题目，用于检测读者的说话水平，帮助表达能力差的职场人掌握说话技巧，成为一个善说者和成功人士。

单元九

主持语言运用

主持人作为会议或者节目的直接驾驭者，其语言特色与会议或者节目的效果息息相关，因而，在基本素质具备的前提下，主持人要把内在的个人素质外化成语言，从而更好地表现语言表达与沟通的能力。经过训练和积累，我们能够不断提升自己的基本素质。

第一节　会议主持与表达

会议主持的语言要求

1. 会议主持属于即兴演讲的一种，它对主持人的语言智能、应变能力等方面的要求很高。声音上要求清晰、熟练、亲切，语言上要求生动活泼、通俗易懂。

2. 会议之前，应该充分了解会议的议程，不仅要了解发言者的姓氏、单位、职务、专长和主要业绩等情况，还需要了解发言者发言的主题。有时候还需要小结前一个发言者的发言，引出下一个发言者，过渡自然流畅，所谓“一根红线串珍珠”，使整个会议浑然一体，具备整体感和美感。

会议主持基本技巧

1. 提前做好会议准备。

(1) 考虑清楚是否一定要开这个会，不开会有没有其他办法解决问题。

(2) 如果一定要开会才能解决问题，请思考会议的议题是什么。

(3) 考虑是否已针对议题拟好了初稿，并在会议前已给相关人士传阅，且提出意见。

(4) 考虑会议要请哪些人出席，思考在什么时间大家能同时参与，用多长时间能达成一致，在什么地点合适(因为会议是有成本的，越多人与会，意味着同一时间很多人要停止产出，会议的成本与时间成正比，要做到精打细算)。

(5) 会议所需的文稿、设备等是否都准备妥当。

(6) 想想会议的通知是不是传达到了每一个与会者。

(7) 是否对会场进行了仔细检查和布置。

(8) 仔细思考自己能否控制时间、节奏、气氛、效果。

(9) 对会议中可能产生的意外是否有预计及干预方案，比如重要人物缺席，意见分歧较大等。

(10) 会议按计划进行，会中是否安排人员记录、协助维持会场秩序。

(11) 会后，是否及时整理了会议记录及会议纪要，是否发到了应该知晓会议内容的每个人手中或邮箱里。

(12) 安排人员检查会议形成的决定在要求的时间里是否得到落实。

当然，如果你只是承担会议主持人的任务，那你就不必过分关注以上会议准备工作，但你必须熟悉会议的议程和主题，密切关注会议的进行过程，并能做到随机应变。

2. 仔细了解会议的程序。

(1) 宣布会议开始，有时还需要全体与会人员起立，奏国歌，宣布全体人员坐下以后，请出主要负责人发言。

(2) 会议进行的过程中，主持人随机应变，因势利导地引导与会人员发言，把握会议的方向，促使会议圆满完成既定的目标。

(3) 会议结束时，主持人还需要简单地总结会议，可以感谢与会人员的参与，可以总结与会人员达成的共识。在会议进行的过程中，主持人需要做好相关记录，以便做好会议总结，完成主持任务。

人物故事

主持人张会亭曾经记录一次主持会场的情景：中国木地板行业举办一场反盗版的大型会议。会议开场时，原计划在大屏幕上先播放一段由成龙和施瓦辛格联合拍摄的2分钟反盗版视频，并从该盗版视频开始，从文化音像产业引申到木地板行业，却不料在真正的会议开始的时候，其电脑不能与会场的音频线链接，从而导致在播放时出现了“只见画面无法听音”的效果。

张会亭急中生智，马上改变串词：“没声音，再好的戏也出不来。刚才我们看到的是无声版的，现在请工作人员再播放一次完全版的。”结果第二遍仍然不行。

张会亭紧急救场：“估计刚才我们播放的这个视频是盗版的。看来我们今天打击盗版是非常必要的，刚才我们大家亲眼见证了盗版给大家带来的痛苦……那么在中国木地板行业会不会也出现类似的盗版行为呢？有请 NCD 专利的持有人葛先生……”

课堂训练　请你作为学生会的干部主持新学期干部会议。

1. 拟定主题，做好会前准备工作。

2. 自己发言，介绍会议的主题和内容。

3. 让学生会主席发言，谈谈他的看法和设想。

4. 让学生会各部门负责人发言，谈谈对部门工作的看法和设想。

5. 可以安排自由讨论环节，时间自定。

6. 做好会议记录，以便根据会议内容进行总结。

7. 会议结束以后，将会议内容整理成会议记录，并存档。

第二节　节目主持与表达

节目主持的语言要求

节目主持一般有3种表现形式：

1. 将编好的文字稿件转化成有声语言，如新闻节目的播报或其他信息的播报、评论文章的播报、栏目中短篇的解说等。要求熟悉稿件，表达精准，声音平稳、清晰。

2. 以写好的串联词为主干，穿插活跃现场气氛的即兴发挥，通常在各种综艺节目和竞赛节目中出现。声音要求清晰响亮、抑扬顿挫，语言必须生动活泼、通俗易懂。

3. 以采访或谈话为核心，主持人的提问、应对、串联、衔接、评述都以即兴口语为主，一般主持人事先在脑子里要打好腹稿或提纲，再根据现场情况的变化而随机应变，这对主持人的体态表情、语言智能、应变能力等方面的要求比较高。

节目主持所运用的语言应该符合主持人的语言特点。因此，节目主持人应该自己加工主持语言，这样可以显现出自己的语言风格，让听众便捷地理解语言本身的信息，并能直接体味到主持人的修养、个性等方面的信息。

无论你做哪种节目形式的主持，都应该提前做好充分的准备，按照准备好的内容发言，如果能熟悉内容，那你基本上就可以顺利完成任务，即使在节目进行过程中发生变化，你也应该能够镇静自若、随机应变，不至于对节目演出造成很大的影响。

节目主持基本技巧

1. 能够讲标准的普通话。无论是哪个级别的主持人，都应该能够讲标准的普通话。国家有关部门颁布了《关于开展普通话水平测试工作的决定》，要求县级以上含县级广播电台电视台的播音员、节目主持人应该达到普通话一级水平，这一要求已列入相关岗位规范，并逐步实行持普通话等级合格证上岗制度。

2. 认真写好节目串联词。每一场晚会都不是一个个节目的简单组合，而是在一个统一的线索和艺术连接之后，去告诉观众晚会所要表达的主题。因此，主持人需要弄清楚整个的过渡应该如何展开，如何帮助观众去理解晚会节目的安排，需要在编写节目串联词时注意把握节目的整体效果，引导观众深入理解节目的内涵。

3. 主持语言要通俗易懂。主持人面对的人比较广泛，要使大家接受你所传达的意思，就必须运用通俗易懂的语言。因此，一个好的主持人同时要是一个好的采编人员，自己所用的语言经过自己的加工提炼，在传情达意上能够明确、清楚、自然、大方，让人一听就懂，主持效果会非常好。

4. 不断学习和积累。节目主持是一门学科，需要系统全面的学习和积累。一个成功的节目主持人需要做多方面的努力，而语言是其中最重要的环节。只要我们把握好自己的语言特色，敢于突破旧有的套路，用新的表达方式来演绎节目内容，我们就一定会跟随时代的潮流成为一个受人喜爱的节目主持人。

人物故事

中央电视台的《欢乐中国行》栏目，开播后收视率一路飙升，该节目的主持人董卿随后成了央视出境率最高的主持人。这个从春天里走来的主持人，如同三月清徐而不失绵厚的风，清纯靓丽中饱含着优雅与端庄。董卿吸引观众的首先是她的亲和力。她收放自如的大气和沉稳，以及一份积淀了淡定与自信的美丽，让人如沐春风，像一个美丽的邻家女孩款款而来。

课堂训练　组织并主持一场演讲比赛。

1. 建议以节目表演、演讲或者朗诵比赛的形式，训练节目主持的技巧。

2. 协助学校举办各类文娱表演和比赛，主动要求承担节目主持的任务，提高个人主持节目的能力。主持之前要求多训练，熟悉内容，声音要求清晰、亲切，语言要求生动活泼、通俗易懂。

3. 下面以一场学生职业生涯规划演讲比赛为例，进行训练。参考如下：

尊敬的各位领导、老师、同学们：

大家晚上好！

我校某某级学生职业生涯规划演讲比赛马上开始了，请大家暂时关闭手机或将手机调至振动或会议状态。谢谢各位配合！

下面，我宣布我校某某级学生职业生涯规划演讲比赛现在开始！首先，我很荣幸地向大家介绍担任本次比赛的评委和嘉宾，他们是×××（停顿）、×××（停顿）、×××（停顿）、×××（停顿），让我们以热烈的掌声对在百忙之中前来参加比赛活动的老师们，表示热烈欢迎和衷心感谢！

接下来，有请评委×××老师介绍本次演讲比赛的规则和要求。大家欢迎！（鼓掌）……

现在有请一号选手×××，他演讲的题目是《×××》，请2号选手×××做好准备。

…………

各位选手精彩的演讲给予我们极大的鼓舞，为我们指明了前进的方向。现在有请评委×××老师对各位选手的演讲进行点评。大家欢迎！（鼓掌）

…………

感谢×××老师的精彩点评。现在有请×××老师宣布比赛结果。大家欢迎！（鼓掌）

让我们对以上获奖的选手们表示热烈的祝贺！对评委老师们辛勤的劳动表示衷心的感谢！我校某某级学生职业生涯规划演讲比赛到此结束！祝各位晚安！

4. 下面以一场元旦晚会为例，进行主持训练。参考如下：

甲：尊敬的各位领导、各位老师。

乙：亲爱的同学们。

合：大家晚上好！

甲：灿烂辉煌的201×年即将向我们告别，充满希望与挑战的201×年正微笑着向我们走来。

乙：在这辞旧迎新的日子里，我们学院举办这场文艺晚会，用我们的歌声和舞姿，用我们的热情与激情，表达我们的喜悦，传达对新年的憧憬。

甲：下面请×××校长致新年祝辞，大家掌声欢迎。

乙：×××学院“迎新年，庆元旦”文艺晚会，现在开始。

甲：冬天已经来了，春天还会远吗？请欣赏由×××班级为我们带来的歌曲《春暖花开》。

…………

好书推介

赵秀环编著的《播音主持艺术语言基本功训练教程》一书运用传播学、新闻学、心理学、美学与语言学等学科的基本原理，结合中外主持人丰富的语言实践，对主持人的语言艺术做了整体审视与方方面面的剖析，从有声语言与无声语言两个方面展开：主持人有声语言的规则，复现与再现，语言环境；主持人的话语状态与话语方式；主持人的节目分类与言语表现；主持人采访的话语形态；主持人的心态语与体态语；主持人的语言风格。本书可作为新闻传播院系播音与主持艺术专业的教材及节目主持人的培训教材，亦可作为广大节目主持艺术爱好者的进修读物。

单元十

语言智能运用技巧

我们的语言是最重要的一种信息载体，语言智能是我们所有智能最重要的基础。语言是思维的外在表现。一个人没掌握语言之前，智商和大猩猩差不多。人一旦突破语言关，智力的发展就会突飞猛进。语言智能是观察、记忆、思维、想象、创造等一切智能发展的基础。语言智能的展现与观察、记忆、思维、想象、创造等其他智能息息相关。

第一节　艺术语言运用

朗诵与朗读技巧

一、朗诵与朗读的区别

朗诵：大声诵读诗或散文，把作品的感情表达出来。

朗读：清晰响亮地把文章念出来。

辨析以上两个词的意义，可以这样理解：

1. 朗诵的作品限于诗或散文；朗读的作品没有体裁的限制。
2. 朗诵时，可以看着原文，也可以不看着原文(即背诵)；朗读时，看着文念。
3. 朗诵时必须要有感情；朗读时可以有感情，也可以没感情，读出来即可。

二、朗读前的准备

朗读好一篇文章，必须认真做好准备。

1. 掌握文章的基本内容。
2. 概括并充分理解文章的主题思想。
3. 理清文章的结构层次。
4. 深入理解和感受作者的思想感情。
5. 划分节奏单元。

节奏单元是指朗读中根据表达的需要，从语音、语义等角度对语句进行切分所形成的语言片段。这种语言片段可以是一个词,也可以是一个短语。

三、朗读的要求

1. 忠实于原作品。

要求朗读者不能根据自己的喜好或表达习惯任意更改作品中的文字,不添字、不丢字、不改字,停连得当,层次清楚,语调自然,不结巴、不重复、不回读。

2. 深入理解朗读作品的思想内容。

不论什么作品,只有理解了,我们才能深刻地把握它。文章是什么形式,语言有什么特点,表达了怎样的思想内容,这些全都弄清楚了,朗读起来才能有声有色、感动别人。

3. 状态积极,用声自如。

朗读的状态是指朗读者在朗读过程中表现出来的心理状态和生理状态。其中,心理状态是主导,朗读的状态是朗读成功的重要环节。朗读者应该具有积极、主动的状态。"用声自如"并不完全像生活中说话那样用声,而是选取最自如的声区,使用最佳音量。

4. 胸有成竹,积极主动。

朗读者把作品内容变成自己心中的语言,心脑齐动,有感而发,思想感情随着作品的推进而变化,气随声动,以声传情。

语言智能从朗读开始

一、发音准确,吐字清晰,快而不乱

我国传统文化一向重视朗读,并流传了许多有关朗读的佳话和古训。现在,我们仍有必要大力加强朗读,以朗读训练个人的语言智能。

朗读训练可以随时随地进行。找来一篇演讲词或一篇文辞优美的散文。先拿来字典、词典,把文章中不认识或弄不懂的字、词查出来,搞清楚,弄明白,然后开始朗读。一般开始朗读的时候速度较慢,逐次加快,一次比一次读得快,最后达到你所能达到的最快速度。

可以一个人独立完成,也可以找一位同学听听你的速读练习,让他帮助挑你速读中出现的毛病。比如哪个字发音不够准确,那个地方吐字还不清晰,等等,这样就更有利于你有目的地进行纠正、学习。你还可以用录音机把你的速读录下来,然后自己听一听,从中找出不足,进行改进。

要求:读的过程中不要有停顿,发音要准确,吐字要清晰,要尽量达到发声完整。因为如果你不把每个字音都完整地发出来,那么,如果速度加快以后,就会让人听不清楚你在说些什么,快也就失去了快的意义。快必须建立在吐字清楚、发音干净利落的基础上。我们都听过体育节目的解说专家宋世雄的解说,他的解说就很有"快"的功夫。宋世雄解说的"快",是快而不乱,每个字、每个音都发得十分清楚、准确,没有含混不清的地方。我们希望达到的快也就是他的那种快,吐字清晰,发音准确,而不是为了快而快。

二、连停得当

1. 语法停连训练。

选择大家熟悉的诗歌或散文，反复朗读以后，再进行朗诵。然后寻找某些大师演绎这些素材的录音或录像作品。注意语法的停连，主要表现在书面上的标点符号。在书面上没有标点符号的，可以根据语法结构的需要，进行语流声音的停顿和延续。停顿的位置有以下几种。

(1) 主谓停顿。

“一个包裹送出去了。”这句话说的是“送包裹”。“一个”是限制主语“包裹”，它们之间关系紧密，要把它们连在一起读。“出去”是对谓语“送”的补充说明，“了”表示时态，这三者应该联系在一起。为了表明主语与谓语之间的关系，在“包裹”后面需要停顿。

(2) 谓宾停顿。

“今天，我终于踏上了回家的路。”“踏上了”后面要稍稍停顿一下，以强调“回家的路”。

(3) 定语、状语和中心词之间的停顿。

句首状语后面一般需要停顿。名词、动词和形容词前边的定语、状语，如果是两个以上的词语或词组，那就需要在这些定语或状语之间设置必要的停顿。“弯弯的杨柳的稀疏的倩影，却又像是画在荷叶上。”(朱自清《荷塘月色》)定语之间需要进行语流声音的停顿。

2. 结构停顿训练。

为了表示作品的段落、层次等结构而做的停顿叫结构停顿。它显示出来的是文章的间歇。停顿时间的长短，应视作品中的语言环境而定。一般来说，停顿时间的相对长短如下：层次长于段落，段落长于句子。句子之间、段落之间、层次之间，前后关系衔接紧密的应停顿短些。若是思路另起、连贯性不强的就停顿长些。

3. 感情停连训练。

某种强烈情感在运动状态所形成的语流声音的中断和延续，如运用得当，就会具有强烈的感染力。如：“惨象，已使我目不忍视了；流言，尤使我耳不忍闻。我还有什么话可说呢？我懂得衰亡民族之所以默无声息的缘由了。沉默呵，沉默呵！不在沉默中爆发，就在沉默中灭亡。”(鲁迅《记念刘和珍君》) 朗读最后一句时，如果在“爆发”和“灭亡”的前面停顿一下，就可以使听众充分感受到这里发出了“不爆发即灭亡”的呼号，激发听众投入斗争的激情。

三、轻重音训练

重音包括语法重音和强调重音。强调重音包括逻辑重音(又叫强调重音)、修辞重音(又叫修辞强调音)、感情重音(又叫感情强调音)。

1. 语法重音。

选择一篇大家熟悉的文学作品进行训练。注意根据语法结构的特点重读某些部分。

语法重音的位置一般比较固定，常见的有以下几种：

（1）一般短句子里的谓语部分常常需要重读。

（2）动词或形容词前的状语常常需要重读。

（3）动词后面由形容词、动词及部分词组充当的补语常常需要重读。

（4）名词前的定语常常需要重读。

（5）有些代词需要重读。

如果一句话里成分较多，重读也就不止一处，往往优先重读定语、状语、补语等连带成分。

值得注意的是，语法重音的强度并不十分强，只是同语句的其他部分相比较，读得比较重一些罢了。

2. 强调重音。

选择一篇大家熟悉的文学作品进行训练。注意认真钻研作品，正确理解作者意图，找到强调重音之所在，注意运用强调重音的技巧。例如：

我去过上海。（强调谁去过上海。）

我**去过**上海。（强调谁去没去过上海。）

我去过**上海**。（强调地点）

因而，在朗诵时，首先要认真钻研作品，正确理解作者意图，才能较快较准地找到强调重音之所在。

强调重音与语法重音的区别是：

（1）音量不一样。语法重音给人的感觉只是一般的轻重有所区别，而强调重音给人鲜明突出的印象。强调重音的音量常常大于语法重音的音量，有明显的强调之意。

（2）出现的位置不同。强调重音可能与语法重音重叠，这时语法重音服从于强调重音，只要把音量再加强一些就行了。有时，两种重音出现在不同的位置上，此时，强调重音的音量要盖过语法重音的音量。

（3）确定重音的难易有区别。语法重音较容易找到，在一句话的范围内，根据语法结构的特点就可以确定，而强调重音的确定与朗诵者对作品钻研的程度、理解的程度、熟悉的程度等紧密相关。

四、抑扬顿挫语调训练

1. 语调的高低强弱。

选择一篇自己熟悉或者喜爱的文章作品，进行反复训练，或者进行观摩。注意语调的高低强弱。

（1）升调（↑）。前低后高，语势上升。一般用来表示疑问、反问、惊异等语气。

（2）降调（↓）。前高后低，语势渐渐降低。一般用于陈述句、感叹句、祈使句，表示肯定、坚决、赞美、祝福等感情。

(3) 平调(→)。这种调子,语势平稳舒缓,没有明显的升降变化,用于不带特殊感情的陈述和说明,或表示庄严、悲痛、冷淡等感情。

(4) 曲调(↗↘或↘↗)。全句语调弯曲,或先升后降,或先降后升,往往把句中需要突出的词语拖长着念。这种句调常用来表示讽刺、厌恶、反语、意在言外等语气。

除了以上这些基本表达手段外,要使朗诵有声有色,还得借助一些特殊的表达手段。如:笑语、颤音、泣诉等。这里我们就不详细介绍了,有兴趣的可以查阅相关书或到相关网站上了解这方面的知识。

2. 语气的明暗虚实。

选择一篇自己熟悉或者喜爱的文章作品,进行反复朗读或者朗诵,或者进行观摩,注意语气的明暗虚实的运用。对于那些思想感情溢于言表的、明快爽朗的、轻松活泼的作品,如朱自清的《春》,应该用圆润饱满的明亮的声音来演绎,但对于那些悲凉哀怨、沉郁凝重的作品,如柯岩的《周总理,你在哪里》,应该多用实中带虚的暗音来演绎。

3. 语音的刚柔粗细。

选择一篇自己熟悉或者喜爱的文章作品,进行反复朗读或者朗诵,或者进行观摩,注意语音的刚柔粗细的运用。刚音用于表达豪迈、激昂的感情。柔声适合表达那些委婉、细腻的感情。声音粗则粗犷,细则细腻。

五、朗读语速有快慢

语速是指说话或朗诵时每个音节的长短及音节之间连接的紧松。说话的速度是由说话人的感情所决定的,朗诵的速度则与作品的思想内容相联系。一般说来,热烈、欢快、兴奋、紧张的内容,表达的速度需要快一些;平静、庄重、悲伤、沉重、追忆的内容,表达速度则需要慢一些。对于那些叙述、说明、议论的语言,则用中等的语速。如果从头到尾均以一种速度进行朗读或者朗诵,就很容易让人生厌。如《雷雨》中周朴园和鲁侍萍的那段经典对话,必须根据人物心情的变化调整语速的快慢和松紧:

周朴园:梅家的一个年轻小姐,很贤惠,也很规矩。有一天夜里,忽然地投水死了。后来,后来——你知道吗?(慢速,周朴园故作与鲁侍萍闲谈状,以便探听一些情况。)

鲁侍萍:这个梅姑娘倒是有一天晚上跳的河,可是不是一个,她手里抱着一个刚生下三天的男孩,听人说她生前是不规矩的。(慢速,侍萍回忆悲痛的往事,又想极力克制怨愤,以免周朴园认出自己。)

鲁侍萍:我前几天还见着她!(中速)

周朴园:什么?她就在这儿?此地?(快速,表现周朴园的吃惊与紧张。)

鲁侍萍:老爷,您想见一见她么?(慢速,鲁故意试探。)

周朴园:不,不,不用。(快速,表现周朴园的慌乱与心虚。)

周朴园:我看过去的事不必再提了吧。(中速)

鲁侍萍:我要提,我要提,我闷了三十年了!(快速,表现鲁侍萍极度悲愤以至几乎喊叫起来。)

课堂训练

事先选择一篇自己熟悉或者喜爱的文章作品进行朗读,二人一组,互评并打分,填入表10-1中。

表10-1　朗读测试表(满分100分)

发音标准、吐字清晰(15分):	语调自然(15分):
顿连恰当(15分):	节奏明显(15分):
语句重音确切(20分):	感情充沛(20分):
总得分:	

语流与语言色彩运用

语流即语言链,是说话口语的一种表达能力,口语是靠流动不息的"语言链"来表达语意的。

语言色彩就是口语表达中加入成语、谚语、歇后语、俗语、诗词名句等语言素材,使语言表达丰富多彩。

1. 成语接龙练习。

提示:从自然音高开始念,情绪尽量放松。字音要强劲有力,字字清晰,速度均匀平稳,富有节奏感。看你能记得住多少?

无可奈何花落去,(　　　　　　　　　　　　)。

长空破浪会有时,(　　　　　　　　　　　　)。

(　　　　　　　　　　　　),蜡炬成灰泪始干。

山重水复疑无路,(　　　　　　　　　　　　)。

(　　　　　　　　　　　　),化作春泥更护花。

采菊东篱下,(　　　　　　　　　　　　)。

相见时难别亦难,(　　　　　　　　　　　　)。

但愿人长久,(　　　　　　　　　　　　)。

2. 观摩与模仿。

(1) 朗诵叶挺的《囚歌》,注意句调的处理。

为人进出的门紧锁着,(→平调)(冷眼相看)

为狗爬出的洞敞开着,(→平调)

一个声音高叫着:(↘↗曲调)(嘲讽)

——爬出来吧,给你自由!(↗↘)曲调(诱惑)

我渴望自由，(→)(庄严)
但我深深地知道——(→平调)
人的身躯怎能从狗洞子里爬出！(↑升调)(蔑视、愤慨、反击)

我希望有一天(→平调)
地下的烈火，(稍向上扬)(语意未完)
将我连这活棺材一齐烧掉，(↓降调)(毫不犹豫)
我应该在烈火与热血中得到永生！(↓降调)(沉着、坚毅、充满自信)

(2) 观摩朗诵《囚歌》。

(3) 在小组成员中朗诵《囚歌》，各小组推选出代表演绎《囚歌》，并评选出最佳朗诵者。

课堂训练

1. 朗诵诗人汪国真的《感谢》。

让我怎样感谢你
当我走向你的时候
我原想收获一缕春风
你却给了我整个春天

让我怎样感谢你
当我走向你的时候
我原想撷取一枚红叶
你却给了我整个枫林

让我怎样感谢你
当我走向你的时候
我原想捧起一簇浪花
你却给了我整个海洋

让我怎样感谢你
当我走向你的时候
我原想亲吻一朵雪花
你却给了我银色的世界

2. 请你将自己喜爱的、熟悉的诗歌作品分享给大家。

复述的技巧

一、复述的概念

复述指将自己看过的视觉材料，如图书、会议记录、电视、电影，听到过的音像材料，如听过的故事、广播、消息、会议报告等，讲述出来。复述训练有助于提高人们的听觉、记忆、理解、抽象概括与表达等综合能力，是口语表达的基础性训练。复述可以分为3类：简要复述、详细复述、创造性复述。

简要复述，是对原材料的浓缩概括，要求简明扼要，但必须保留原材料的中心要点和新信息，可以略去那些解释、举例、描写、过渡和背景文字，前后衔接，结构完整。

详细复述，要求原原本本，内容上不做增加和删减，表现方法不做改变，语言风格尽量保持原样。但复述不同于背诵。为使复述清晰、易懂、易记，可将书面语体适当地改成口语体，把复杂的长句改成简单的短句，或将难懂的书面语词改成通俗易懂的口语词。

创造性复述，是要求在不改变原意的基础上根据内容的需要加上丰富合理的想象，使内容更生动、更完整。要对材料中没有明确叙述的内容有选择地做一些创新，进行合理想象，但必须和原文内容吻合，不能发生矛盾。

二、复述的基本要求

采用复述的方法，一方面可以进行记忆能力的训练，强化知识；另一方面，可以训练有序、有节、有理的表达能力。针对一些叙事性较强的文章，我们可以采取不同的复述方法，或简要复述，或详细复述，或创造性复述。不论哪种形式的复述，都要注意把握以下几点：

第一，把书面语转换为口头语。

第二，突出重点，准确地体现原材料的中心和重点。

第三，条理清楚，反映各部分内容的内在联系。如果叙述一件事情，复述时一定要交代清楚时间、地点、人物以及事情的起因、经过、结果等。

第四，语言力求准确。

三、复述的步骤

第一步：熟悉原文，即看材料或听材料。

第二步：整合材料。

第三步：讲述。

四、复述训练过程

（一）口头复述的技巧

1. 准备工作。

(1) 根据复述目的整理、理解材料。如果是采访材料的复述，要有尽可能详细的书面记录，准备好谈话的语气、手势、面部表情，发现对方的立场、目的、主观意图，判断他的立场、情感。

如果是书面材料的复述，可以反复阅读，抓住内容要点，关注文字表达的情感色彩，以便在复述中体现出来。

(2) 对材料的记忆。找出内容的构架，然后记住这个构架之间的几个关键点：

· 时间顺序。

· 情节发展。

· 要点之间的因果关系。

· 记住关键词及数字，虚化处理不重要信息。

(3) 边读边记，口脑并用，在理解的基础上反复诵读。

2. 口头复述下列一则消息。

万客隆超市遭电话恐吓　四条狼犬搜炸弹

东方网3月13日消息(记者吴江)　昨天下午，酒仙桥地区最大的万客隆超市被电话“炸弹”恐吓，众多顾客下午5时30分许被清场。顾客李女士称，正在超市内的他们被清理出场，“也不解释是什么原因”。晚上6时30分，万客隆超市门口被围上黄色警戒线，百余名欲购物的群众被阻挡在超市附近。7时30分，警方调来4条半人高的大狼狗，2条入店搜查，另2条在门口嗅闻，向围观群众走近时，大家吓得直往后退。8时30分，超市开始正常营业。超市保安部的一位负责人介绍，从清场到关店，都是警方的安排，具体发生什么事，他们也不清楚。但他证实警方在超市内一无所获，离开前表示没任何危险，并让超市正常营业。

这个消息内容内在的结构是：酒仙桥万客隆超市——电话“炸弹”——报警——清场——狼狗——营业。关键词及数字为：5:30，6:30，7:30，8:30，4条大狼狗。在复述语言的组织中，大脑要闪现的是以上几个重点。

人物故事

康桥，原名徐志友，著名朗诵艺术家，知名诗人，资深节目主持人，中国网络文学朗诵的奠基人之一，最早制作古诗词音画MV。多年来，康桥一直游走于诗词歌赋之间，致力于经典诵读，是一位炙手可热的网络朗诵名人。

康桥自幼酷爱文学，痴迷朗诵和播音主持，在长期的文艺实践中，厚积薄发，创作颇丰，并形成了自己独特的艺术风格，深受广大听众和网友的喜爱。他的声音质朴淳厚，刚柔相济，语言表现力丰富，能够驾驭各种体裁和风格的文学作品，表现出高超的朗诵技巧和播音水平，在朗诵界独树一帜。

康桥和好友渔舟唱晚一直致力于古诗词音配画工作。他们克服种种困难，义务拍摄、收集、整理了大量图片和视频资料，并配乐朗诵，精心制作，采用全新的视角，对名家名篇进行再创作，力图做到音画并茂，情景交融，突出观赏性和艺术性，增加感染力和亲和力，唤醒和激发人们对古典文学的兴趣和爱好，填补了我国集文字、音乐、朗诵、视频于一体的古诗文音配画的空白，为人们开辟了一片走近诗词歌赋、欣赏古典文学的新天地。

他的朗诵迸发着生命的活力，他的声音蕴含着天籁的精魂。他把冷冰冰的方块汉字变成了血肉丰满、鲜活灵动的有声语言。飞扬的激情似大海波涛，澎湃汹涌；温婉的情愫像夏夜来风，凉润清爽。动则如雷霆万钧，静则似珠落玉盘。雅者叹其雅，俗者爱其俗。康桥正在用他火热的激情和孜孜不倦的艺术实践创造着一个又一个不老的传奇！

作为我国古典诗词音画诵读的奠基者，康桥以他独特的视角，拨冗钩沉，用精彩的演绎把东方古典诗词的神韵和意境发挥到了极致。他不同凡响、出神入化的朗诵征服了无数的听众和观众。他的许多作品被越来越多的小学、中学、大学作为有声教材，被视为诵读样板。康桥在古典诗词的朗诵中，把他的声音之美发挥到了极致，不必说慷慨激昂的《满江红》、雄浑豪迈的《念奴娇》，还是说浅吟低唱的《声声慢》、如泣如诉的《葬花吟》、柔肠寸断的《琵琶行》，还是说清新明丽的《春晓》、闲适恬淡的《西江月》，等等，都充分展示了康桥有声语言的特殊魅力，让人百听不厌，获得不同寻常的艺术享受，堪称我国古典诗词朗诵的经典。

康桥朗诵作品主要包括古典诗歌系列、古典辞赋系列、古典散文系列、现代诗歌系列、现代散文系列、当代小说系列、外国文学系列、中小学古诗文系列等。部分系列已出版光碟。

康桥的古诗词朗诵给古老枯燥的文字注入了鲜活的生命，他的古诗词音画创作，让我们感受到了祖国传统文化的神奇魅力。有人评价："这是一个功在当代、泽被千秋的壮举。它体现了一个朗诵艺术家的社会责任感和历史使命感。"

课堂训练

（一）朗诵会

1. 选择作品。

"祖国颂"专题，诗歌散文均可，较长篇幅的节选部分阅读。

2. 组员合作理解作品。

要求：形成书面文字(或制作 PPT)，展示时选择一例为同学讲解，语言简洁，重点突出，尤其要讲清如何读。要理解作品，并用声音表达出来：

(1) 作品的创作背景。

(2) 作品的主旨及承载的情感。

(3) 在理解作品的情感上进行朗读，用声音诠释对作品的理解。

3. 组内成员进行分工。

(1) 主持 1 人：负责对本组工作的检查、督促，并负责本组展示时的主持。

(2) 讲解者(2～3 人)：朗诵者负责讲解本组对作品的理解(包括背景及作者、意象、主旨、情感等)。

(3) 朗诵者：负责朗诵任务，人数结合朗诵形式而定。

(4) 评委：每组 1 人，负责公正客观的打分。

4. 朗诵形式。

(1) 一人独诵，或两人对诵，或一人领诵，其他配诵。也可以独诵、齐诵相结合。

(2) 配乐朗诵。

5. 活动流程。

(1) 按照抽签的安排依次出场。

(2) 展示。

(3) 评委打分。

(4) 统计得分,公布结果。

(二) 故事大赛

1. 以小组为单位,选派 2~3 人参加比赛,内容自定。

2. 总体规则:

(1) 选手通过口头描述、肢体语言、舞台技巧讲述自己最喜欢的故事。

(2) 故事比赛时间要求在 3~5 分钟完成。

(3) 参赛选手可以邀请别的学员辅助表演。

(4) 选手需要的小道具、小背景自行准备。

3. 评判要求:

思想性:主题突出,结构紧凑。

普通话:吐字清晰,语音标准,表达流畅。

艺术性:表情丰富,形象洒脱。

4. 每组选派一名代表当评委。

(三) 模仿训练

以小组为单位,请一个人先讲述一个小故事、小幽默,然后大家轮流模仿,看谁模仿的最好。采用打分的形式,大家一起评分。指导老师要及时鼓励学员,表扬模仿最成功的一位。

课堂训练

美国著名电影《廊桥遗梦》男女主人公有一段精彩对白,请你与伙伴进行角色扮演:

弗朗西斯卡:"我一走,人们的闲话会把他(丈夫)压垮。他会想不通我为什么会离开他,他会抬不起头来,这对他不公平,他从来没有伤害过别人,他不该受到这样的遭遇。还有孩子们,卡罗琳只有 16 岁。她快成年了,要靠自己寻找幸福。她会恋爱,而且很快就会建立自己的家庭。我要是走了,对她会有什么影响?"

罗伯特:"那我们呢?"

弗朗西斯卡:"无论我们走到什么地方,离这所房子有多么远,我总会想着这,每时每刻想着这个家。我会责怪自己不该爱上你,伤了这么多人。最后甚至会觉得,我们在一起的这美好的四天是错误的,是可耻的。"

罗伯特:"你觉得我们之间的感情,轻易会出现么?我们紧密地交织在一起,仿佛融化成一个生命。而且,有人一辈子在寻找这种感情,却没有找到,甚至有人认为这不可能。难道这种感情是不正当的?要抛弃它?"

弗朗西斯卡:"我们的选择,其实早就决定了。你不明白,没有人会明白。是啊,一个女人结了婚，有了孩子，就意味着生活的起点，也意味着终点。她必须操持所有的家务，抛弃属于她自己的生活，尽心尽力地把孩子抚养长大。等他们长大了，成了家，她的使命才算完成，才能开始自己的生活了，可那时候男人们对她们没有要求了，甚至连她们自己也会忘记以前的梦。她万万没有想到，跟另外一个人会产生这样的感情。”

罗伯特：“可是你产生了。”

弗朗西斯卡：“我想永远留着它，我想在我下半辈子，还是这么爱你。可是要我离开这个家，情况就变了。因为我不能把这个家破坏了，去建个新的。看来，我只能把你的这份感情，深深地埋在心里。你帮帮我……”

第二节　思辨语言运用技巧

养成思辨的习惯

思辨能力指的是一个人的思考问题和辨析问题的能力。所谓思考，指的是分析、推理、判断等思维活动。所谓辨析，指的是对事物的情况、类别、事理等的辨别分析。思辨能力属于抽象思维能力，要求层次分明、条理清楚地分析，清楚准确、明白有力地说理。如果一个人在思考问题时能做到条理清楚，说理的时候能够清楚明白，我们就说他具有较好的思辨能力。人的语言智能与其思辨能力息息相关，缺乏逻辑思辨的表达往往是空洞的，因此，我们应该注重逻辑思辨能力的培养。

1. 不要依赖习惯性的思想来源。

需要考虑问题的时候，不要习惯性地去电脑或者去图书馆里寻求答案。不妨先自己想一想，以增加自己独立思考的机会。这样做不是为了标新立异，而是为了尝试以一种新的标准来看问题。虽然有些费神，但对个人的成长是有利的，对促进自我思辨能力的提高很有帮助。

2. 给自己设置矛盾的观点。

尝试养成本能的质疑习惯性观点的习惯，经常给自己设置矛盾的观点。不要认为有什么观点是绝对正确的，不要认为自己的判断总是准确无误的。大胆地进行质疑，不是去钻牛角尖，而是积极主动寻找那些与自己的观点不一致的思想，这些思想可能存在于外国文化或者不寻常的亚文化当中，或者在我们原本并不赞同的某些观点或者某些书里。

3. 用第三只眼睛看自己。

把自己抛在脑后，能够获得自由、平和的神奇力量：从另一个角度看问题，换一个角度观察生活。经常提醒自己跳出自我，静静地思考一下：“我的行为和动机正确吗？我的行为过程中有什么不足？行动的结果如何？我有哪些收获和缺憾？从中发现哪些长短得失？接下来应该采取什么办法去纠正自己错误？”

4. 把生活圈随机化。

不要总是遵循那些固有的条条框框，不要总去相同的场所，吃相同的食物，与相同的人谈天，我们可以积极地追寻新的经历。虽然这些习惯性的东西带给我们安全感，但这样机械地生活没有什么乐趣，不会给我们创新的机会，只能让我们墨守成规，固步自封。大自然非常神奇，生活常识是我们进行思维的基础。尊重生活，尊重自然，透过现象去看事物的本质。大胆地走出去吧，朝前走吧，让自己每个明天比今天走得更远！

5. 善于积累学识。

我们知道，所有的能力都不是与生俱来的，即使有天赋，也需要后天的努力与不断的积累。我们通过很多途径可以学习逻辑思维的方法，比如数学、物理、哲学等学科，教会我们推理、演绎、归纳与总结等逻辑思维方法。因此，多读书，多学习，多积累，厚积才能薄发。

在积累的时候，有好的想法，有灵感，应该随时把它们记录下来。只停留在脑袋中进行想象，思考比较容易出现偏差，甚至会瞬间消失掉。记录多了，写作也能够随之变得容易起来。

摒弃不合理的认知模式

对于人的不合理认知模式，趣味心理学曾经有过精彩描述：

……几个月的欧洲、非洲、南美洲等地的游玩，你们在天堂中流连徜徉。不亦乐乎，直到某一天清晨梦醒时分，你蓦地发现，不但你的银行储蓄已经所剩无几，而且你的白马王子也开始顶撞你。你冲他气壮山河地狮吼："我为你付出了那么大的代价，你必须爱我、必须照顾我的情绪、必须……"——这是不合理认知模式之"绝对化要求"。

他终于受不了你日益膨胀的脾气了，于是有一天留下一封告别信人间蒸发了，他把你，还有一张严重透支的信用卡和一大沓催款的账单抛到身后。你咬牙切齿地大声骂："这个杀千刀的，从一开始就是在骗我，从来没有爱过我、从来没有给过我一点真心！而我呢，和他在一起，全是痛苦，没有幸福！……"——这是不合理认知模式之"以偏概全"。

丈夫跑了，原来点头哈腰满脸堆笑的宾馆服务员把你横眉冷对地轰了出门，自己家再也回不去了，而且你还不得不将手上价值连城的钻石戒指卖掉来偿还信用卡上的赤字……你认为自己已经走到了世界的末日——一无所有、无家可归、被人唾弃、流落街头，然后在贫病交加中孤独而凄凉地抽搐着死去……——这是不合理认知模式之"灾难化"。

所有的不快乐并非事情本身，而是不合理的认知模式。同样的事情，不一样的认知，结论完全不一样。想一想：爱情是两个人的，需要经营；曾经相爱，彼此付出，就算不再继续，不应该抹去一切美好。"山重水复疑无路，柳暗花明又一村。"无论如何，总有解决问题的办法。我们只是平凡人，渴望一生平安、幸福，但咱们何德何能，将人世间的一切美好集于一身？在我们的身边，总是存在着比我们更悲惨的人。

培养合理的认知模式

人生中重要的不是发生了什么,而是我们所持的态度。不合理的认知模式可能将我们推入万丈深渊,合理的认知模式令人依然保持冷静的头脑、稳定的情绪。通过训练,引导大家消除不合理的认知模式,建立合理的认知模式,寻求人生真正的快乐源泉。下面介绍如何运用合理认知模式看待自己。

合理的认知模式之一:用全面的观点看待自己。

“每个人都不可能十全十美。我不完美?没关系。这方面不好,那方面OK,很不错呀。”

“长得不漂亮?没关系。我原本就没有梦想成为美女、天仙,我只想做一个温柔善良的人。”

“不会跳舞?没关系。我会唱歌。不擅长画画?没关系。我喜爱运动。”

“不能成为一棵大树?没关系。我甘愿做个小草!”

“失败了,但我尽力了。我不可能尽善尽美,但我一定尽心尽力。”

合理的认知模式之二:用相对的观点看待自己。

所有的事情都不是绝对好,或者绝对不好,往往好中有不好,不好中包含着好,是相对的,甚至是相辅相成的。

“失败了?没关系。我看到自己的不足,我需要调整策略,换一种方式。”

“遭遇挫折了?没关系。我对困难估计不足,需要调整目标。”

“被人批评了?很好呀。别人给我树立了另一个标准,我可以从另外一个角度看自己。”

“从最底层做起?没关系,我希望自己脚踏实地,不断进步。”

合理的认知模式之三:用发展的观点看待自己。

这也是一种合理的认知模式:每个人都不可能停滞不前的,每个人都身处发展当中,时时刻刻在成长着。现在不好并非将来不好,现在好也不一定永远好。“存在即合理”,也就是说,事物有自己的发展规律,没有谁可以一步登天、一蹴而就的。

“怎么过就怎么好,怎么好就努力去怎么过。努力着,奋斗着,忙碌着,快乐着。”

“现在是现在,将来是将来。没有必要为将来不确定的事情透支自己的精力。想一想,自己所担心的事情,发生的几率到底有多少?”

“不拿自己的错误惩罚自己,过去就让它过去;不拿自己的错误惩罚别人,自己的错误跟别人没关系;不拿别人的错误惩罚自己,每个人都需要一个认识问题的过程。”

学会自我肯定与自我否定

自我肯定与自我否定其实也是一种合理的认知方法训练,而且这种方法简单易行,我们可以随时随地进行。下面举两个例子：你精心准备了一次发言，但真正发言的时候，你却发挥失常，你感到非常难堪，甚至打算从此再不会站在大庭广众下说话，你想从此沉默下去。怎么办呢？学会自我肯定与自我否定吧！

“我为此付出了那么多精力，结果却如此糟糕。我真没用！”就此打住吧！你的意思是：“你付出了很多，就必须……”——这是一种“绝对化要求”，是不合理的。“每个人都付出了努力，只是我比任何人更了解自己的努力而已。尽管我付出了百分百的努力，但不可能马上获得相应的回报。”

“为什么失败的总是我？我再也不想去尝试了。”——这是在给自己的懒惰找借口。“你也有过曾经成功的时候，现在遇到一点点挫折就放弃了？不继续努力，怎么就知道自己不会成功呢?!”

再如，你由于一件小事跟朋友吵架了，这里没有谁对谁错的问题，最关键的是谁能够从中悟出道理，谁就能够获得成长。可以进行自我思辨，自我肯定与自我否定。

“是他的错，因为他先出口伤人。”

“不，是我的错，他今天心情不好，我还在他面前开玩笑。”

“不，还是他的错，谁知道他心情不好呀？不可能因为他心情不好，大家都跟着他伤心吧？”

“不，是我错了。因为我应该先确认朋友的心情，再和他开玩笑。”

“不，就是他的问题。尽管我和他开玩笑不妥，但他不该骂人呀。”

“不，是我自己错了。总之，他骂我，那是他正在气头上，我没有必要跟他太计较，毕竟我们是朋友，朋友应该一起担当……”

掌握“ABCDE”合理情绪方法

A：activating events，指发生的生活事件。

B：beliefs，指人对该生活事件所持的观念或信念。

C：emotional and behavioral consequences，指个人的观念或信念所引起的情绪及行为反应。

D：disputing irrational beliefs，指劝导干预与思辨。

E：effect，指调整认知后的效果。

面对发生的一个不好的生活事件的时候，我们为何会痛苦？为何不开心？想一想，是因为这件事情本身吗？不对。为什么同一件事情，有的人觉得无足轻重，有的人却如临深渊？是呀，具体发生什么事情，往往并不重要，重要的是我们对待这件事情的态度。法国作家巴尔扎克说过：“苦难，对于天才是一块垫脚石，对于能干的人是一笔财富，对于弱者则是一个万丈深渊。”这就是“ABCDE”合理情绪疗法之精华。

“ABCDE”合理情绪疗法是美国心理学大师艾里斯用于心理治疗的一套较为实用的

理论，它不但说明了人类情绪困扰产生的原因，而且阐释了消除情绪及行为困扰的心理治疗之道。其实，思辨能力强，归根到底是自己肚子里必须“有货”，即你必须具有深厚的哲学素养或者较深厚的认识阅历。如果我们能够透彻地理解并经常有意识地运用艾里斯的这套理论，就很难陷入自己为自己设置的认知障碍、情绪陷阱里。具体如何操作呢？其操作步骤如下：

1. 找出使自己感到困惑、产生不良情绪的生活事件，即找出 A，如在众人面前讲话、参加比赛或者参加考试、工作压力、人际关系出现问题等。

2. 分析挖掘自己如何解释、评价，如何看待诱发这件事情，即 B，从理性的角度去审视这些信念，并且探讨这些信念与所产生的紧张情绪（即 C）之间的关系，从而认识到不良情绪之所以发生，是由于自己存在不合理的信念，这种不合理的思维方式应该给予纠正。

3. 扩展自己的思维角度，与自己的不合理信念进行必要的辩论，即 D，逐渐动摇并最终放弃那些不合理的信念，学会用合理的思维方式代替不合理的思维方式。

在这个环节里，我们可以寻求他人的帮助，比如自己的同学、老师、朋友、家人，甚至专业心理治疗师，采取讨论或实际验证等方法来辅助自己转变原有的不合理的思维方式。尽量让自己平和、理性一些，用于接纳别人的观点。

4. 随着不合理信念的消除，不良情绪逐渐消除，随之产生出更为合理、积极的行为方式。行为所带来的积极效果，又促进着合理信念的巩固与良好情绪的发展，进入良性循环状态。

5. 通过情绪与行为的成功转变，从根本上树立起合理的思维方式，不再受不良情绪的困扰，即出现认知调整后的效果 E。

“ABCDE” 合理情绪疗法可以随时随地运用，一旦掌握，非常实用。也许你刚才感觉乌云密布，经过认知调整，你马上感觉到阳光明媚。也许你正想大发雷霆，但你只要给自己一秒钟的时间思考一下：“我为什么发火？是这件事情惹我不高兴？有必要发火吗？”你可以很快平静下来。也许面对紧张情景不知所措，但你知道这是一种不合理的认知在作怪，你害怕出丑，你的虚荣心太强，你的心情会渐渐安静下来。

头脑风暴法训练

头脑风暴法，又称智力激励法，是美国创造学奠基人奥斯本发明的一种创造性思维的有效训练方法，这是一种集思广益的集体思考方法。当一个人独立思考一件事或一个问题的时候，其思路比较容易限制在一定范围内，因而思想受到限制。如果有几个人对同一问题进行思考，各人都拥有自己的知识经验，能各自从不同的角度思考同一问题，就有利于互相激励，引出联想，产生共振和连锁反应，以此获得更广泛的设想。

1. 每个小组确定一名主持人，1～2 名记录员，其余人员都参加讨论。

2. 公布题目。题目可以自拟，也可以选择现成的。比如，如何搞好班级建设？元旦要到了，如何举办一台有创意的联欢晚会？参加专业技能竞赛有什么好办法？

3. 规则：禁止评论他人构想的好坏；提倡自由思考，允许异想天开，允许狂妄的想象；探求最大量的灵感，任何一种构想都可被采纳；鼓励利用别人的灵感加以想象、变化、组合等，以激发更多更新的灵感；不准交头接耳，以免打断别人的思维；无论提出设想优劣，一律记录在案。

4. 请各小组派出代表表述本组的答案，并在小组中选出最独特的办法。

5. 各组汇总，并进行点评。

课堂训练 热点话题的辩论训练。

请小组成员留意当下网络、报刊等媒体关注的热点问题，或者大家在生活中遇到的具有辩论价值的问题，作为思辨的问题，写在一张纸条上，放进一个箱子里，随机抽取。问题不必宽泛，也不一定深奥，具有思考的空间就好。比如：

★ 有的人热衷于“追星”，甚至有的人花费许多财力、物力、精力在追星活动上。结合你的体验，用三分钟时间谈谈你的观点。

★ “玉不琢，不成器”，不少人认为教育学生要严格。结合自己的体验，谈谈你的看法。

★ 有人说：“人的命运天注定”，无论如何努力也是徒劳。结合自己的体验，谈谈你的看法。

★ 有人认为“谋事在人，成事在天”，个人的力量再大也逃脱不了命运的安排。结合自己的体验，谈谈你的看法。

★ 你认为“面子”重要吗？结合自己的体验，谈谈你的看法。

★ 你将来会采取银行按揭等手段提前消费吗？为什么？

★ 网络上能否交到真正的朋友？

★ 有人说：“干的不如看的，看的不如说的。”结合自己的体验，谈谈你的看法。

★ “人应该奋斗一生”和“人应该享受生活”，这两种观点你如何看待？

★ “没有理想的生活是不完全的，只有理想的生活是不存在的”，结合自己的体验，谈谈你的看法。

★ 同样学识和能力的人，在收入多少或地位高低方面存在着明显的差异。你怎么看待这种现象呢？

★ 人生逆境十有七八。你怎样看待人生不如意的事情？

★ 有人“宁做小池塘里的大鱼，不愿做大池塘里的小鱼”，也就是“宁做鸡头，不做凤尾”，结合自己的体验，谈谈你的看法。

★ 有人说，在这个社会上，实际能力并不重要，最重要的是人际关系。你认为如何？

★ 文凭、才能、机遇，哪个更重要？结合自己的体会，谈谈你的观点。

1. 请小组成员轮流从“问题收集箱”里抽取自己的问题，并进行3分钟的思考，然后上台表述自己的观点。

2. 针对前一个环节成员所表述的观点进行小组辩论。不一定所有的问题都进行辩论，可以选择性地进行辩论。最重要的是，大家普遍关心的、具有辩论价值的问题。辩论以后，不一定能形成比较完整的观点，可以进行筛选，拿到整个团队里进行辩论，不必追求输赢，旨在通过辩论，提高大家的思辨与表达能力。

3. 请小组成员对每位成员的表现进行评价，并填写表10-2。

表10-2　思辨与表达能力评价表

时间：　　年　　月　　日

序号	姓名	观点鲜明（20分）	论据充分（40分）	语言流畅（30分）	仪表自然（10分）	基本观点记录	总体评价
1							
2							
3							
4							
5							
6							
7							
8							
9							
10							

课堂训练　个人的控场能力训练。

控场能力就是你对现场气氛、活动进度、人员配合等一系列在整个活动过程中的控制能力，不让场面失控。

1. 分组后，请每一位成员当教练，发出口令，教大家做一个动作。解释清楚，指导细致，要求明确。

2. 请大家表演《情深深雨蒙蒙》里一段对话。

男：对，你无情，你残酷，你无理取闹！

女：那你就不无情，不残酷，不无理取闹？！

男：我哪里无情？！哪里残酷？！哪里无理取闹？！

女：你哪里不无情？！哪里不残酷？！哪里不无理取闹？！

男：我就算再怎么无情、再怎么残酷、再怎么无理取闹，也不会比你更无情、更残酷、更无理取闹！

女：我会比你无情?！比你残酷?！比你无理取闹?！你才是我见过最无情、最残酷、最无理取闹的人。

男：哼，我绝对没你无情，没你残酷，没你无理取闹！

女：好，既然你说我无情，我残酷，我无理取闹，我就无情给你看，残酷给你看，无理取闹给你看。

男：看吧，还说你不无情，不残酷，不无理取闹。现在完全展现你无情、残酷、无理取闹的一面了吧?！

3. 根据本组其他成员的表现，进行客观评价，填写表 10-3。

表 10-3 表达与控场能力评价表

时间： 年 月 日

序号	姓名	流畅（20 分）	清晰（40 分）	自然（20 分）	总体评价及建议
1					
2					
3					
4					
5					
6					
7					
8					
9					

第三节 克服语言表达障碍

脑科学和婴幼儿教育专家把 0—3 岁这段时间称作“智慧之门”。如果孩子在此期间接受了大量的语言刺激，便很快就可以说出更多的词语，迅速扩大词汇量，并且在以后的学习中取得更好的成绩。

如果错失了最佳的语言智能训练时机，可能会给个体造成一定的表达障碍。然而，每个人都具有语言潜能，如果你先天不足，那就需要后天大量的、专业的训练，促使这些潜能变成显现的能力，提升你的语言智能。

培养克服困难的信心

内向的人由于存在这样或者那样的表达障碍往往不愿意多说话,但他们往往思路清晰,如果能克服表达障碍,他们更容易将自己的意愿表达清楚,话不多却能精准表达。如何克服个人表达障碍呢?以下介绍几种方法:

1. 挖掘强烈的表达动机。

人的语言发育虽跟遗传有关系,但语言的运用能力必须要在实践中摔打和磨炼中发展起来。每个人都有表现自我的欲望,都在寻找表达自我的方式,只要努力,你一定能够找到适合自己的表达方式。

2. 不断增强承受和防范失败的能力。

内向的人更需要增强心理素质的训练,设法在感受失败的体验中学会应对和防范失败,提高个人的承受能力。你可以给自己设置一些障碍,这些障碍不能太大,但也不能太小,以自我感觉努力一下就能克服为合适,但必须循序渐进,持之以恒。

3. 培养百折不挠的精神。

任何一个有价值的目标追求都不可能一步完成,也不可能仅仅停留在"纸上谈兵"的水平上,必须在实践中去检验并进行调整。而实践,向来都会有不同的曲折、起伏,时而柳暗花明,时而峰回路转,时而曲径通幽。对一个奋斗者而言,不经历风雨,是绝对见不到彩虹的。即使是世界著名的演讲家,初次演讲也都有过胆怯和恐惧。乔治六世国王从小内向胆小,后来语言治疗师莱昂纳尔引导他进行训练。在训练过程中,多少次他想放弃,但为了国家,也为了表达自己,乔治六世国王战胜了困难,成功发表演说,激励英国国民奋起反击侵略者。

澳大利亚"半人演讲家"约翰·库提斯说过:"没有什么不可能,别对自己说'不可能'! 把目标写下来,然后努力去实现它吧。不要害怕失败。100 次摔倒,可以 101 次站起来;1 000 次摔倒,可以 1 001 次站起来。摔倒多少次没有关系,最重要的是你站起来多少次!"

运用心理学方法

常见技术有本森放松法、系统脱敏法、合理认知法等。

1. 本森放松法。

这是一位美国心理学家本森通过摸索而总结出来的一套放松训练方法。具体做法如下:

在安静的环境中舒适地静坐,闭目,放松全身肌肉,平静缓慢地用鼻子呼吸,使自己能感到自己在呼吸。在每次呼气的同时,默念"壹"字,将注意力集中在"壹"字,并保持一种随和的心境。对头脑中不时涌现的杂念,不必为之着急,不要理会它们,继续重复

“壹……”字。用不了多久，松弛自然到来。训练结束时，先闭目静坐几分钟，然后睁开眼睛。每次训练 20 分钟，每天可进行 1～2 次，逐步克服自己的紧张情绪，也逐步掌握做深呼吸的正确方法。

2. 系统脱敏法。

这是一种矫治恐惧或害怕反应的好方法。可以在专业指导师的指导下进行，也可以自我训练。其步骤如下：

第一步：明确引起焦虑的具体刺激的情境。通过与指导师探讨或者自我深思，发掘出引起自己恐惧的具体情境，这种情境也许在我们朦胧的意识中，需要挖掘才能把它提高到意识层面里。

第二步：建立焦虑刺激等级表。从弱到强顺序排列出“焦虑等级”。如：

① 老师说这次比赛比较难，高手很多。

② 如果出丑，我就完了。

③ 我还没有准备好，很多地方还没有背熟。

④ 比赛前一晚，我几乎睡不着觉。

⑤ 看见别人盯着我看，我的头脑一片空白。

第三步：利用想象放松法或深呼吸放松法，进行放松训练。

坐在一张舒适的椅子上，闭上双目做肌肉放松运动。完全放松以后，想象“焦虑等级”中第一级焦虑情境。围绕着这一情境，尽情地想象并描述出来。“当我听到老师说这次比赛比较难的时候，我就开始焦虑。我的心跳开始加快，呼吸开始变得不顺畅。”如果觉得很不舒服，就停止想象和描述，做放松训练。

第四步：逐步地、有系统地进行焦虑紧张和放松，这两种反应的对抗作用，最终使松弛反应彻底抑制住焦虑的反应，达到脱敏的目的。

一般情况下，经过“放松——想象——紧张——放松”过程时，3 次不能通过，可谓不能脱敏，应终止本次练习。每一次训练需时间 15～30 分钟，每周 2～3 次，渐渐消除紧张感。

3. 合理认知法。

由美国心理学家艾里斯创立，以合理的思维方式代替不合理的思维方式，减少不合理的信念给情绪带来的不良影响和逆境心理。无论是哪一种不利的观点，都能找出预知对立的正面的观点，这些正面的观点将给予我们奋斗的勇气和力量，激励我们不断进取。从某种意义上说，你说服别人容易，说服自己却需要一些时间和经验。合理认知法可以帮助你快速摆脱思维障碍，勇往直前。

反面观点	正面观点
老师说这次比赛高手林立	志在参与，找到差距
讲不好很没面子	面子虽重要，但我可以不在乎

发挥失常大家会笑话我	大家最在意的是自己，而不是我
别为难自己，放弃了吧	我希望成为一个做事认真努力的人
算了吧，没必要这么辛苦	不经历风雨，怎能见彩虹
…………	…………

了解以上方法，接下来就安排实践了。你可以计划每天至少主动向身边的人打招呼，先从熟悉的人开始，然后再到不太熟悉的人，再到陌生人，逐步克服羞怯心理。也请你记录自己的收获和感悟，以便不断改进，逐步提高表达能力和沟通技能。

人物故事

英国乔治六世从小是个内向的人，讲话时连几句很简单的话都结结巴巴地讲不出来，他有严重的表达障碍，俗称"口吃"。幸运的是他遇到了语言治疗师莱昂纳尔。通过一系列的训练，国王的语言表达大为好转，随后他发表了著名的圣诞讲话，鼓舞了当时二战中的英国军民。

课堂训练 做好各种放松训练。

1. 按照本森放松技术要求，进行放松训练。
2. 在老师指导下，进行系统脱敏训练。
3. 运用合理认知法，设置合理的观念反驳你每一个不合理的观念，让自己尽量放松。

第四节 辩论技巧

辩论一定要运用攻与防的技巧。在辩论中辩护是防守，反驳就是进攻。在辩论中经常出现两个极端：一是只讲防守。结果，辩来辩去，"战斗"只在自己一方进行，对对方的观点根本不构成任何威胁，这样就不可能取得胜利。二是只讲进攻，对对方提出的证据和问题，不敢正面回答或者辩驳，往往还没有攻破对方的堡垒，就已经失去了自己的阵营。因此，要取得辩论的胜利，必须讲究进攻与防守的平衡。

辩论进攻的技巧

在辩论中，要想避免出现被动挨打的局面，一定要掌握进攻的技巧。

1. 先发制人。

在辩论之前，应该充分预测对方可能提出来的问题，并对这些问题进行自我辨识或者辩驳，以便做到先发制人，令对手措手不及。

2. 窥短击虚法。

在辩论的过程中，善于抓住对方认识上、逻辑上、表达上等方面出现的错误，发起进攻。

3. 巧设问题法。

辩论需要主动发问,需要连续发问,环环紧扣,迫使对方陷入自相矛盾的境地。或者选择对方的疑点发问,设置圈套,请君入瓮。大家可以参阅一些辩论的案例或者观看一些辩论比赛,增加这方面的认识和技能。

4. 引申归谬法。

为了否定对方的观点,有意先做肯定,并且以此为起点,进行合理的推论,结果得出一个非常或荒谬的结论,令对方的观点不攻自破。

5. 两难推理法。

在辩论中,为了驳斥论敌的某一观点,先提出与论敌的论点相关的几种可能性条件,由此引申出论敌难于接受的结论,使论敌陷入进退两难的境地。

6. 间接反驳法。

辩论中,先承认某一结论,再摆出事实推理,进而证明这一结论是错误的,这是一种声东击西的有效方法。

辩论防卫的技巧

一般应该在对手进攻之前就做好防卫的准备,对手进攻之后需要做好防御工作。前者是尽量不给对方可乘之机,后者是赶紧补漏,亡羊补牢。常见的防卫技巧主要有:

1. 加固"堡垒"法。

最好的防卫措施就是加强我方观点的不可攻性。在获得了初步胜利的时候,不要满足,应该进一步巩固我方的辩论成果,或不时地重复已被公认的于己有力的证词,或补充新的材料以加固我方观点,将人们的支持牢牢地吸引在我方论点上。

2. 模糊回答法。

模糊回答实际上就是使用含义不确定的模糊的语言,不让对方精确地把握我方辩词的含义。这种含糊回答,可以灵活进行解释。比如:"在适当的时候,我们会考虑您的建议的。"这个"适当"就是模糊语言,用得恰如其分,就能为我所用,牢牢地守住我方阵地,令对方难以辩驳。

3. 避重就轻法。

辩论中不宜过多纠缠那些对我方不利的问题,否则会疲于应对,节节败退。相反地,应该扬长避短,在自己的强项上与辩方周旋,把握主动权。另外,面对辩方的责难,也应该懂得避重就轻,也就是说避开那些严重的错误,对那些无伤大局的问题给予轻描淡写的回答后,立刻转换话题,切入那些对自己有利的问题。

课堂训练 举办团队辩论比赛。

1. 请大家根据以下辩题准备资料，完善表 10-4。

表 10-4 辩题准备资料表

辩　　题	正反双方观点	正面、反面论据	其他资料
能力、文凭的辩证关系	正方：能力比文凭更重要		
	反方：文凭比能力更重要		
逆境与顺境的辩证关系	正方：逆境有助于人成长		
	反方：顺境有助于人成长		
网络与生活的辩证关系	正方：网络使人亲近		
	反方：网络使人疏远		
文才与口才的辩证关系	正方：文才比口才重要		
	反方：口才比文才重要		
金钱与幸福的辩证关系	正方：有钱等于幸福		
	反方：有钱不等于幸福		
就业与择业的辩证关系	正方：就业重要		
	反方：择业重要		

2. 小组讨论，筛选最有力的材料，提炼最具说服力的观点。

3. 做好辩论比赛准备。

(1) 每组推选出一个辩题，并说明选题的理由。选题必须具有很强的可辩论性。各组进行筛选，最后确定一个选题。

(2) 分成正反双方，各方选出 4 个辩手，其他人作为辩论智囊团成员。

(3) 拟定比赛论题、比赛规则以及结果评选标准等事项。

辩论比赛论题：________________________________

____

辩论比赛规则：________________________________

____

辩论比赛评判标准：______________________________

____

辩论比赛奖励办法：______________________________

____

人物故事

一天，国王觉得无聊，对阿凡提说："如果你能给我讲一个我从未听说过的谎言，我会赏给你一百枚金币。"

"好吧，一言为定！"阿凡提说完，开始胡吹。"一天，我在先父留下的一本书里，发现了一张字据。那字据是您亡故的父亲亲笔写的。您的亡父曾经借了先父一万枚银币。您的父亲原来应该把这借我父亲的一万枚银币还给先父的。"阿凡提从容地说。

"阿凡提，你这是胡说八道！我可从来没听说过有这种事，真是一派胡言乱语！"国王暴跳如雷，大声喊道。

"对啊，我讲的就是您从来未听到过的谎言啊。尊敬的国王，请您赏给我一百枚金币吧！"阿凡提笑着说。

好书推介

社交事务中处处都有是是非非，国际事务需要多方斡旋，民事纠纷需要耐心调解，法庭审判需要多场辩论，商务贸易需要多轮谈判。雄辩与反雄辩在公共事务中被广泛运用，谁有一副善辩的铁嘴，谁就能在交涉中出足风头，赢得最佳掌声。雄辩与反雄辩相辅相成，相促相生，是论辩高手们纵横"论坛"的利器与标枪。金元元编著的《雄辩与反雄辩》一书，立足于古今中外著名的、成功的论辩事例，具体介绍雄辩与反雄辩的技巧，值得一读。